« PAUVRES ACTIONNAIRES ! »

Quarante ans de discours économique du Front national passés au crible

Déjà parus chez Fakir éditions

- *Vive la banqueroute!*
  sous la direction de François Ruffin
  et Thomas Morel, 2013
- *Hector est mort*, de François Ruffin, 2013
- *«Ils nous ont dit : Vous êtes fous!»*,
  entretiens avec mon héros, Maurice Kriegel-Valrimont,
  2013.
- *Faut-il faire sauter Bruxelles?*, de François Ruffin, 2014
- *Comment ils nous ont volé le football*,
  sous la direction de Antoine Dumini, 2014

Qui sommes-nous?

Liée à aucun parti, aucun syndicat, aucune institution,
fâchée avec tout le monde ou presque,
l'association Fakir est basée à Amiens depuis 1999.

On espère fournir, d'abord par notre journal,
ensuite par nos vidéos, notre site internet, nos livres,
nos débats, une information rigolote sur la forme,
mais sérieuse sur le fond, combative mais pas sectaire.

Notre adresse : Association Fakir
303, route de Paris – 80000 Amiens
Notre numéro de téléphone : 03.22.72.64.54
Pour nous écrire : contact@fakirpresse.info
Le site internet du journal : www.fakirpresse.info

François Ruffin

« Pauvres actionnaires ! »

Quarante ans de discours économique du Front national passés au crible

Fakir Éditions

À Loïc…

«Tu es triste, Carlo, tu plaisantes, mais tu es triste.

– Eh bien, disons que la situation générale n'est pas très réconfortante.

– À cause de ce Mussolini ? Mais tout le monde dit que c'est juste une farce, n'est-ce pas, Modesta, que toi aussi tu as entendu ça ici à Catane ?

– Oui, mais j'ai également vu quelques têtes fracassées qui n'avaient pas l'air du tout d'être une farce.

– Comme je suis content que vous au moins ayez compris, Princesse, et que vous ne vous soyez pas laissée influencer par la tendance répandue à rabaisser l'adversaire, chose qui, comme le dit Gramsci, "est par elle-même un témoignage d'infériorité de celui qui en est possédé ; on tend en effet à rabaisser rageusement l'adversaire pour pouvoir croire qu'on en sera sûrement vainqueur".»

Goliarda Sapienza, *L'Art de la joie.*

PROLOGUE

Le trouble

« Cet après-midi, François Hollande... j'espère qu'il s'exprimera en français d'ailleurs, et pas en allemand, puisqu'il est allé chercher ses instructions chez madame Merkel, comme d'habitude, mais j'espère qu'il aura eu le temps de traduire... »

On allume parfois la radio le matin, en se brossant les dents, et sans trop savoir qui parle. C'est un jeu, alors, que de reconnaître l'invité, à ses propos, au ton de sa voix, à sa syntaxe.

« Quelles instructions ? interroge le journaliste, Patrick Cohen.

– Ses instructions sur la politique qu'il doit mener, sur la politique d'austérité, sur la politique de saccage social qu'il va annoncer aux Français cet après-midi, de la même manière que Nicolas Sarkozy l'aurait annoncé dans les mêmes termes, au même moment, de la même manière, s'il avait était réélu. Cet après-midi, nous aurons dans toute sa splendeur, sa triste splendeur j'ai envie de dire, un chef de gouvernement technique. Qui viendra dérouler la feuille de route de Bruxelles : la flexibilisation du marché du travail, une nouvelle précarisation des retraites, la privatisation, le refus de toute forme de patriotisme économique au soutien de nos petites entreprises. Et évidement cette politique-là c'est celle qui a lui a valu les bons points des commissaires européens.»

Recrachant mon dentifrice, j'applaudissais, tant pour le fond que pour la forme.

«En résumé, donc, là, c'est la faute à l'Europe, c'est ça? le relançait l'interviewer.

– Bah non, c'est la faute à nos dirigeants qui se soumettent à un système européen qui va droit dans le mur, et on le sait pourtant, et à chaque fois ils nous disent "ça ne marche pas!", parce qu'il n'y a pas assez d'Europe. Je pense précisément l'inverse.»

Il était efficace, le gars : du Front de gauche? Ou bien je craignais le pire...

«Vous parlez d'un système européen et pas d'une politique européenne. Si par hypothèse l'Europe change de politique avec des investissements à l'échelle du continent, avec une forte politique de relance, est-ce que vous changez de pied, Florian Philippot?»

Et merde.

C'était bien ça : le pire.

Le numéro 2 du Front national, lieutenant de Marine Le Pen, «vice-président chargé de la communication et de la stratégie». Et il enchaînait comme ça, ce 16 mai 2013, sur «l'Europe qui ne peut pas changer. Vous savez, c'est un petit peu comme l'Union soviétique, elle ne se réforme pas, elle ne peut pas changer de politique puisque sa politique est inscrite dans ses gènes et dans ses traités», cinq minutes durant où on l'aurait pris pour Mélenchon en gros, où j'aurais signé des quatre mains si j'en avais quatre — avant qu'il ne revienne à des antiennes plus traditionnelles au FN : l'immigration, l'islam...

Il m'avait piégé.

J'étais pas le premier.

Pièges

C'est le copain Pierre qui me racontait ça.

Un dimanche après-midi où il passait chez son oncle, paysan retraité d'Ardèche, la télévision était allumée. Sur France 5, Marine Le Pen dénonçait le «mondialisme», «l'européisme», «la concurrence avec des pays où les ouvriers sont payés 300 euros», réclamant «des protections aux frontières pour notre agriculture, notre industrie». Son oncle fixa l'écran : «Mais elle a raison... elle a raison... C'est ça qu'il faudrait...» Puis il ajouta : «Non, on peut quand même pas...», s'arrêtant au milieu de sa phrase, redoutant d'être d'accord, même un instant, avec le Front national, lui, un républicain bon teint.

J'avais taquiné Régis Aubenas, aussi, un agriculteur qui produit des abricots dans la Drôme, en butte à la concurrence espagnole. Je l'avais appelé tandis qu'il était dans ses plantations, préparant ses arbres à un retour du gel.

«Je vais te lire un paragraphe, tu vas me dire ce que tu en penses : "Il faut sortir du libre-échange ravageur qui a tué des pans entiers de notre économie. Il faut un protectionnisme raisonné. On a ouvert totalement, en grand et à tout vent les frontières, mettant en concurrence nos industries, mais aussi nos agriculteurs, nos pêcheurs, avec une concurrence déloyale — c'est-à-dire une concurrence de pays à très bas coûts qui n'ont pas les mêmes obligations de respecter des normes environnementales, qui n'ont pas les mêmes niveaux de protection sociale, les mêmes charges salariales — et on leur dit "maintenant, débrouillez-vous". Ils ne peuvent pas se débrouiller, c'est impossible. Par conséquent, il faut remettre en place des protections aux frontières, des écluses."

– C'est très bien. Après, ça pose plein de problèmes : est-ce que la France peut le faire toute seule? que fait-on de l'OMC? etc.

– C'est Marine Le Pen qui déclarait ça.»

Un silence. Ça l'embête, bien sûr : lui est de gauche. Discrètement, mais bien à gauche.

«Eh bien, justement. Est-ce qu'on doit déserter ce terrain-là? On a besoin que les progressistes soient clairs. Y compris le Parti communiste, qu'ils aient le courage d'assumer : rejette-t-on oui ou non le libre-échange? C'est dommage qu'ils ne le disent pas, car c'est maintenant qu'il faut marteler.»

Ce matin, c'était donc mon tour d'être piégé.

Consultation

Ça me troublait.

Moi aussi, et je dirais «nous aussi», avec les copains de *Fakir*, avec des militants de gauche, avec un groupe informel d'intellos, Todd, Sapir, Lordon, Bernier, le *Diplo*, on critique vivement Bruxelles et Merkel. Nous aussi, on prône le protectionnisme.

Nous aussi, on met en cause l'euro. Nous aussi, on cause de «flexibilisation», et de «précarisation», et de «privatisation».

Depuis quand, je me suis demandé, on a tout ça en commun avec le Front national? Et je l'ai demandé par courriel à un intellectuel de renom : «Depuis quand on a tout ça en commun avec le Front national?» Lui m'a vertement reproché mon «en commun» : «Nous ne partageons rien avec le FN : le FN nous a pillés, c'est tout autre chose!»

Soucieux, je le questionnais : «Peut-on dire que le FN "pille" le programme de la gauche avec le protectionnisme et j'ajouterais : la sortie de l'euro? Ça ne m'apparaît pas évident. Depuis les années 80, à la fois la gauche radicale et la gauche gouvernementale ont déserté ces questions.»

Certes, concéda-t-il, «tu n'as sans doute pas tort "techniquement" sur la question du protectionnisme, on pourrait ajouter aussi sur la finance si on veut — la critique d'extrême droite de la finance, ça existe depuis les années 30... Mais tout de même quel tête-à-queue idéologique avec le FN des années 80-90. C'est cela qui soutient l'accusation qu'ils nous pillent.»

S'agit-il d'un véritable «tête-à-queue»?

Tout renaît-il un 16 janvier 2011, à Tours, comme l'ont claironné les médias, en ce jour où la fille succédait au père, le «nouveau» Front national effaçant l'ancien, et Marine Le Pen entonnant un couplet quasi gauchiste : «L'État est devenu l'instrument du renoncement, devant l'argent, face à la volonté toujours plus insistante des marchés financiers, des milliardaires qui détricotent notre industrie et jettent des millions d'hommes et de femmes de notre pays dans le chômage, la précarité et la misère. Oui, il faut en finir avec le règne de l'argent-roi»? Ou cette conversion était-elle préparée, avec des racines bien en amont?

«Grande est la vérité et elle l'emporte sur toutes choses» (oui, c'est dans la Bible). Même lorsqu'elle nous dérange, on doit l'affronter. Or, cette vérité — me semblait-il — sur les changements, les variations, mais aussi les constantes dans le discours du FN, ni mon interlocuteur ni moi ne la maîtrisions : «Connaîtrais-tu des collègues universitaires qui auraient travaillé sur le renouvellement de doctrine économique du FN?» je le sondais.

Et lui d'admettre : «Ça, c'est une colle... Je fais a priori le pari que ça doit exister — mais où? Je vais chercher un peu et si je trouve quelque chose je te dis.»

Orthodoxes

J'ai cherché un peu, aussi.

Je me suis tapé une palanquée de bouquins sur Le Pen père et fille, à la bibliothèque municipale d'Amiens. Mais ces livres se centraient sur les valeurs morales — racisme, antisémitisme, laïcité — et effleuraient à peine la question économique. Ils adoptaient, par ailleurs, un point de vue très orthodoxe, conformiste, bien-pensant.

Ainsi de la biographie *Marine Le Pen* rédigée par Caroline Fourest et Fiammetta Venner. Quant à la sortie de l'euro, les auteures dénoncent, en vrac, «des scénarios improbables, fortement hypothétiques», de «la science-fiction», une «posture à la fois rhétorique et nostalgique», un choix qui «signifierait une explosion du coût de la vie», etc. Le débat est tranché avant d'être posé, en deux pages.

Avec le protectionnisme, c'est presque pire : d'emblée, voilà cette proposition déclarée «hors-sol», faisant de la France «un cimetière pour main-d'œuvre bon marché, qui aura perdu toute puissance». Et lorsque Marine Le Pen s'en prend au libre-échange «débridé», les essayistes se lancent dans une glose pseudo-savante : «Le sous-entendu ne manque pas de saveur. Car le mot "débridé" fait inconsciemment penser à quelque décadence imputable à Mai 68 ou à la liberté des mœurs. En l'utilisant pour parler du libre-échange, Marine Le Pen amalgame de façon subliminale le libéralisme économique et le libéralisme social.» Plutôt que de s'attaquer au sujet lui-même, concret, matériel, faut-il des barrières douanières ou non? pour quoi faire? pour servir quels intérêts? les essayistes le fuient et recourent à «l'inconscient».

Enfin, quand Marine Le Pen se prononce «pour le retour à l'échelle mobile des salaires afin de gonfler le pouvoir d'achat», les biographes — aveuglées par leurs a priori — démontrent leur nullité : «Une mesure, nous disent-elles, qui conduirait à refuser la moindre sécurité de revenu et à déréguler les acquis sociaux. Pas vraiment de gauche». Alors que c'est tout le contraire : «l'échelle mobile des salaires» signifie que les paies augmentent automatiquement avec l'inflation, et pas juste le SMIC. C'est une revendication historique de la CGT, par exemple, «vraiment de gauche». Zéro pointé en éco.

À gauche

C'est alors que j'ai reçu un livret, gratuitement (merci!), dans notre boîte à lettres : «*Contre le programme du FN. Un argumentaire syndical*», publié par VISA, Vigilance et initiatives syndicales antifascistes. Cette association regroupe des militants de la CGT, de Solidaires, de la FSU, etc., sur un site Internet régulièrement nourri, visa-isa.org. Peut-être eux balaieraient-ils mes doutes. Ainsi analysent-ils :

«Les principaux arguments du FN sont devenus une petite musique bien connue : le "mondialisme", incarné par l'économie globalisée et les politiques de l'Union européenne, rend la France dépendante des politiques européennes et du FMI. Le FN préconise un retour au protectionnisme, la sortie du FMI, de l'euro, le rétablissement de droits de douane forts. La réponse frontiste est imprégnée d'une conception nationaliste et identitaire, rendant l'extérieur auteur de tous les maux d'une patrie à sauver... Une politique protectionniste n'est pas une solution, car elle ne règle pas les problèmes sociaux au fond. Face à la globalisation de l'économie, le protectionnisme entraîne un pays vers un repli : l'augmentation des droits de douane n'empêcherait aucune entreprise de délocaliser et favoriserait l'inflation, donc la paupérisation. De plus, cela impliquerait des mesures de rétorsion de la part des autres pays, et par conséquent une guerre économique mondiale... Marine Le Pen met en avant une panacée protectionniste avec taxation aux frontières, la taxation des stock-options et la restauration des frontières face à la mondialisation. La défense du travail est donc toujours alignée sur une grille de lecture xénophobe. L'ennemi — immigré profiteur, musulman intégriste, américain impérialiste, eurocrate — a toujours une figure d'étranger. Sous un nouveau discours, l'obsession demeure essentiellement nationaliste. Loin de vouloir — comme le souhaitent les alter mondialistes — une autre conduite de la mondialisation, le Front reste fidèle à l'antienne d'un produire français, avec des Français, dans des entreprises françaises. » Et de dénoncer « haine de l'autre, protectionnisme suicidaire et démagogie ».

Leur point de vue, là encore orthodoxe, conformiste, bien-pensant à gauche, ne peut pas être le mien : des taxes aux frontières, cette proposition relève de l'évidence, désormais, dans les classes populaires, et pour moi également. Alors, maintenir, à l'instar des syndicalistes de VISA, cette « petite musique bien connue », cette « antienne » du « protectionnisme = la guerre, la démagogie, le repli, le suicide », tout comme le répète le premier des Alain Duhamel venu et la dernière des Laurence Parisot, voilà qui me semble politiquement nul, contre-productif, une grossière erreur. Surtout si c'est pour aspirer à « une autre conduite de la mondialisation » : un doux rêve que je partage, mais comme un rêve — et auquel croient encore moins, après trois décennies d'expérience in vivo, les salariés licenciés, ou qui redoutent de l'être. Cette utopie planétaire ne peut leur apparaître que comme une fumisterie, une blague, qui ne répond aucunement à leur malaise. De même, enfin, chez ces antiracistes, la sortie de l'euro, voire de l'Union européenne, est tranchée — négativement, « il ne faut pas » — avant même tout débat sérieux, nourri, au sein de leurs organisations.

Leur mérite, c'est d'avoir bâti une digue syndicale, unitaire, contre le Front national. Mais au détriment d'une pensée gelée, et sur des questions clés.

Un copain m'a conseillé, dès lors, de lire les brochures de la CGT (syndicat dont, par ailleurs, en toute transparence, je suis adhérent). On y retrouve la même posture. Dans sa note « Pourquoi il faut combattre l'extrême droite » (mai 2011), la confédération délivre, quant à la « macro-économie », le même catéchisme, conformiste, prudent et timide. Un « protectionnisme accru » n'aurait pour conséquence que de « mettre en opposition les travailleurs français avec ceux des autres pays », la « sortie de l'euro » ne ferait que « mieux exploiter les travailleurs français ». Et plus drôle : une « dévaluation » relèverait de la catastrophe, engendrant bien des maux : « la dévalorisation de la force de travail des salariés français », « la hausse des prix, obérant le pouvoir d'achat », et « alourdira le poids de la dette ». C'est consternant de conservatisme : voilà des militants défilant certainement contre le capitalisme, en appelant à la révolution, mais qui tremblent devant une dévaluation ! Voilà qui ne saurait être un remède miracle, mais qui n'a rien, cependant, d'un breuvage diabolique.

Mon trouble dès lors, guère soulagé, s'approfondissait au contraire.

C'est dur à dire.

Encore plus pénible à écrire.

J'en éprouvais de la honte.

Sur toutes ces questions — « macroéconomiques », on dira —, je me sentais plus proche, en apparence du moins, de Marine Le Pen que de ces camarades.

Limites

Comme ce boulot, sur la pensée économique du FN, sur son archéologie, ne semblait pas mené, comme je devinais dans tous ces livres une tendance à « rabaisser l'adversaire », j'ai décidé de m'y coller. D'en revenir aux textes, aux sources. Sans hystérie ni complaisance, avec un souci de vérité, qui m'a mené pour plusieurs journées à la Bibliothèque nationale de France, aux Archives parlementaires, au Service des élections de la préfecture d'Arras, à la Documentation du Pas-de-Calais, à la bibliothèque de Lille, ou encore sur le site Inamédiapro.

Ce travail — avec Vincent, avec Fiona — je l'ai fait pour moi d'abord, inquiet, pour mesurer ma proximité, ou ma distance, avec le parti frontiste.

J'en sors rassuré sur mon cas.

Malgré notre sérieux, malgré les efforts déployés, il faut indiquer les limites de notre recherche :

D'abord, nous l'avons menée en journalistes, c'est-à-dire avec une durée d'enquête réduite, et qui plus est en journalistes guère spécialistes de l'extrême-droite (on revendiquerait, plutôt, une compétence en dissidence économique). Et si nous pouvons affirmer qu'en telle année, à l'occasion de telle élection, l'expression «mondialisme», par exemple, apparaît, nous sommes bien incapables, en revanche, d'y lire l'influence des mégrétistes, du GRECE, du Club de l'Horloge ou de tel penseur crypto-fasciste — galaxie que nous méconnaissons. Des thésards, ou des militants de REFLEXes, feront donc beaucoup mieux. Ou sans doute ont fait, et nous ignorons leurs travaux.

Ensuite, dans les documents recueillis, on privilégie les tracts du Front national, les professions de foi des candidats, bien sûr emplis de promesses et d'une présentation avenante de soi. En politique plus qu'ailleurs, le discours est fait autant pour cacher que pour révéler : on ne confondra donc pas, bien évidemment, ces engagements avec des actes à venir, ou même avec la réalité présente du parti.

Enfin, le discours du Front national, et même son discours social, n'explique qu'à la marge ses succès électoraux d'hier et de demain. C'est dans les abandons successifs de la gauche gouvernementale, dans ses navrantes expériences au pouvoir, dans ses renoncements à lutter contre le libre-échange, contre la finance, contre une monnaie forte, contre les dogmes bruxellois, et au final contre ce mal endémique, le chômage, c'est ici que demeure, pour nous, la cause majeure de la réussite des Le Pen : un boulevard ouvert chez les travailleurs. Qu'on y ajoute les responsabilités de l'autre gauche, la «vraie», la puérilité de ses divisions, la timidité de ses positions, elle qui échoue jusqu'ici à incarner une voix de secours.

Vote Front national des ouvriers par rapport aux inscrits aux élections présidentielles

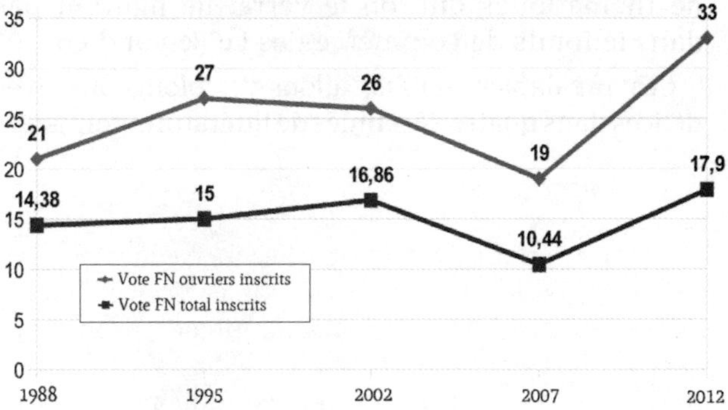

Sources : sondages post-électoraux IPSOS pour 1988, 1995. Enquêtes post-électorales CEVIPOF pour 2002, sondage post-électoral CSA pour 2007 et sondage post-électorale IFOP pour 2012.

Graphique réalisé par Vincent Bernardet.

Cordon sanitaire

Ultime préliminaire : je suis partisan d'un cordon sanitaire avec l'extrême-droite. On ne joue pas avec le feu, on ne fait pas mumuse avec les héritiers de Doriot et Déat, même relookés et souriants.

C'est d'autant plus impératif que je « partage », en effet, des critiques — de l'Europe et de la mondialisation — avec le Front national. Et que, circonstance aggravante, je suis prêt à recourir à quelques outils communs : protectionnisme, sortie de l'euro, cadre national. Mais les fins poursuivies sont aux antipodes : à moi, à nous, l'émancipation sociale (avec, notamment, une réduction et un partage du temps de travail), la justice fiscale (relèvement des impôts sur les sociétés), la transformation environnementale (tout est à revoir, ici, des transports à la production). Autant de thématiques qui, on le verra, ne figurent pas dans le fonds de commerce des Le Pen and co.

Ces préalables établis, allons-y : plongeons avec délices dans quatre décennies de littérature frontiste…

1

État

Contre « l'étatisme économique »

Après.

« Parce que c'est la condition première de la justice, nous rebâtirons l'État et nous lui redonnerons l'autorité, la neutralité, une conscience nationale et les moyens de fonctionnement et de modernisation dont il a besoin. »

Marine Le Pen, discours de Tours, 16 janvier 2011.

Avant. 1974.

« Presse, radio, éditions sont colonisées par les propagandistes de la subversion marxiste, de la pornographie agressive. L'Université et l'Église prêchent la révolution. Les grands intérêts capitalistes et les syndicats marxistes défient victorieusement la puissance publique. La sécurité des personnes et des biens n'est plus assurée. Le crime est à l'ordre du jour et l'escroquerie impunie demeure monnaie courante. »

Pour sa première participation à une élection présidentielle, en 1974, le Front national a déjà trouvé sa rhétorique : tout fout le camp. Mais un espoir demeure : « contre cette décadence dont l'opinion longtemps chloroformée commence à prendre conscience, un seul recours : la création d'une mystique de Salut public», que porte l'inspiré Jean-Marie Le Pen.

Les complices

Mais que dire quant à l'économie — et plus précisément, quant à la crise qui s'ouvre? «Cette crise, dans notre pays, trouve son origine dans la décadence morale et civique qui mine notre société beaucoup plus que dans des circonstances économiques.» Et à cause de quoi, de qui, alors, cette décadence? «Soutenus fidèlement par des majorités de droite, les hommes qui ont dirigé la Ve République ont poursuivi une politique de gauche, favorable au collectivisme social, à l'étatisme économique, au communisme international. Ces hommes doivent être dénoncés». C'est le gaulliste Jacques Chaband-Delmas, «complaisant à l'égard de tous les désordres, de toutes les subversions, de toutes les surenchères démagogiques», c'est Valéry Giscard d'Estaing, qui «se prétend libéral et ose dénoncer les dangers d'un système "bureaucratique" qu'il met lui-même en œuvre depuis des années en qualité d'inamovible ministre des Finances. La fiscalité écrasante et inquisitoriale, c'est lui ; l'écrasement des classes moyennes, producteurs, cadres, commerçants, artisans, cultivateurs, c'est lui ; le règne absolu des technocrates insensibles, c'est lui. Ploutocrate démagogue, il s'est attaché à concilier les intérêts financiers et l'étatisation d'une économie implacablement dirigée vers le collectivisme.»

Mamelles

Au passage, en quatre pages, pas un mot n'est lâché sur l'immigration — en ces années où, pourtant, les flux de main-d'œuvre étrangère et les regroupements familiaux culminent. Non, un seul ennemi : l'État. Comme premier point de ses « Orientations politiques et sociales essentielles », Jean-Marie Le Pen ambitionne donc :

« 1. Ramener l'État à ses fonctions normales : technocratie et bureaucratie sont les deux mamelles de la Ve République : elles épuisent le pays où sont dès maintenant créées les conditions du socialisme. L'État doit réduire son train de vie, dénationaliser ce qui peut l'être, diminuer les effectifs pléthoriques du service public ».

Code génétique

Voilà le code génétique, à sa naissance, du Front national, sa raison d'être.

Et qui le marque durablement.

En 1981, aux législatives : « Le socialisme, c'est au départ l'État providence, puis l'État patron pour finir par l'État kapo. C'est la multiplication des bureaucrates, des fonctionnaires, des contrôles, des formalités, de la fiscalité, c'est la ruine des entreprises écrasées sous le poids des charges et des impôts et menacées par la dictature des banques étatisées et des syndicats révolutionnaires ».

En 1984, aux élections européennes : « Secteur après secteur, le gouvernement socialo-communiste réalise la révolution marxiste qui conduit à la perte de nos libertés avec pour fin inéluctable les horreurs du goulag. Battre les communistes, c'est faire échec à la révolution marxiste qu'ils préparent avec l'appui des organisations immigrées.

«Pour reconstruire la France, il faut réduire :

- le domaine de l'État ;
- le nombre des fonctionnaires ;
- les dépenses publiques.

«Pour cela, il faut également :

- inverser le courant de l'immigration.»

L'immigration apparaît alors, mais comme objet secondaire, soutien à la «révolution marxiste».

Autre ennemi

Rapidement, les priorités s'inversent : avec Gorbatchev et la perestroïka en URSS, bien difficile d'imaginer encore les chars soviétiques à la frontière et les communistes couteau entre les dents. Il faut un autre ennemi, on l'a sous le coude : «Pour ces élections présidentielles, déclare Jean-Marie Le Pen en 1988, vous avez un choix décisif à faire : entre la France française et la France envahie». En premier point de son programme, figure désormais :

«1. Immigration. Le retour chez eux des immigrés du tiers-monde.»

Sous ce nouveau credo, néanmoins, l'ancienne rengaine anti-étatique demeure :

«4. Économie. Moins d'impôts, moins de bureaucratie. [...] Comment? En imposant une cure d'amaigrissement à l'État.»

Alors que le libéralisme l'emporte en France, le FN n'appuie pas seulement cette orientation : il réclame qu'on aille plus loin, plus vite, pour casser cet État... qu'il prétend aujourd'hui «rebâtir».

Front national et social : la valse à trois temps

« Ce qu'il faut dire aux Algériens, ce n'est pas qu'ils ont besoin de la France, mais que la France a besoin d'eux. C'est qu'ils ne sont pas un fardeau ou que, s'ils le sont pour l'instant, ils seront au contraire la partie dynamique et le sang jeune d'une nation française dans laquelle nous les aurons intégrés ».

En 1958, à la tribune de l'Assemblée nationale, le député Jean-Marie Le Pen plaide sans complexe pour une Algérie française :

« J'affirme que dans la religion musulmane rien ne s'oppose au point de vue moral à faire du croyant ou du pratiquant musulman un citoyen français complet. Bien au contraire, sur l'essentiel, ses préceptes sont les mêmes que ceux de la religion chrétienne, fondement de la civilisation occidentale. D'autre part, je ne crois pas qu'il existe plus de race algérienne que de race française [...].Je conclus : offrons aux musulmans d'Algérie l'entrée et l'intégration dans une France dynamique. Au lieu de leur dire comme nous le faisons maintenant : "Vous nous coûtez très cher, vous êtes un fardeau", disons-leur : "Nous avons besoin de vous. Vous êtes la jeunesse de la Nation". »

Absences

Jusque dans les années 70, le racisme est loin d'être maniaque chez le leader du Front national. Alors que le parti est nouvellement créé, la télévision consacre un portrait à son chef de file : « Le communisme représente pour moi l'adversaire numéro 1 », affirme-t-il. Et il semble à peine découvrir, devant les caméras, le problème de l'immigration :

« Dans le courrier qu'on reçoit, relève un cadre du FN lors d'une réunion, le nombre de gens qui demandent notre position sur les arrivées clandestines d'Africains et de NORAF, ça dépasse la norme moyenne...

— Ouais c'est vrai, admet Jean-Marie Le Pen. Y a une

inquiétude du pays vis-à-vis de l'immigration sauvage, en particulier, parce que les gens, vis-à-vis des travailleurs ont une attitude normale, et d'ailleurs qui ressemble à la nôtre, mais vis-à-vis de tous les gens qui viennent se faire soigner en France et qui franchissent les frontières sans aucun contrôle, il y a une hostilité certaine. »

Dans un premier temps, donc, toute une décennie, l'immigration est quasiment absente dans le discours public du Front national — de même, d'ailleurs, que les problèmes sociaux. D'autres ennemis ont sa préférence.

La solution unique

Dans un second temps, jusque très récemment, le FN évoque les problèmes sociaux. Qui ont une seule et même cause : l'immigration, et une solution unique : l'arrêt de l'immigration.

Le chômage, bien évidemment : « Ça ne vous paraît pas évident que le nombre de plus de six millions d'étrangers en France est en relation directe avec le fait qu'il y ait trois millions de chômeurs ? répétait Jean-Marie Le Pen, en 1984, lors des élections européennes. Ça me paraît évident et ça paraît d'ailleurs évident à beaucoup de Français ». La « priorité d'emploi aux Français et aux Européens » règle donc ce souci.

Le trou de la Sécu était également comblé : « Séparer les caisses des Français et des étrangers. Le déficit de l'assurance-maladie est dû [...] à l'immigration qui coûte 50 milliards de F. »

Même les virus seront refoulés avec les étrangers : « La lutte contre le SIDA par le dépistage systématique et le contrôle aux frontières » (présidentielles, 1988).

Et si les paies n'augmentent pas, c'est la faute à qui ? « Le SMIC à 7000 F par mois. Les salaires sont, en France, inférieurs à ceux de nos principaux concurrents : la présence d'une main-d'œuvre immigrée importante tire en effet les salaires vers le bas» (présidentielles, 1995).

Ou encore : comment compenser les baisses d'impôt? «Cette réforme fiscale sera financée par la diminution du coût de l'immigration».

Et les SDF? «Loger les Français sans toit. Hiver après hiver, se reproduit le drame des Français sans domicile fixe. Les foyers SONACOTRA, dévolus aux immigrés, ainsi que les résidences pour travailleurs migrants, seront réservés à ces Français qui y trouveront le gîte et le couvert.»

Et cette monomanie perdure longtemps : en 2004, le FN décompte en Europe «4 millions d'emplois en fait occupés par l'immigration». Avec, donc, ses «bonnes solutions» : «1. Arrêt de l'immigration. Organiser le retour des immigrés non européens. C'est libérer plus de 1 250 000 emplois pour les Français».

Le découplage

On arrive alors au troisième et dernier temps (pour l'instant...) : désormais, les deux questions, de l'immigration et du social, sont presque découplées.

Dans son «projet» présenté en 2012, «La voix du peuple, l'esprit de la France», comment Marine Le Pen luttera-t-elle contre le chômage? «Une protection intelligente aux frontières sera mise en œuvre pour lutter contre la concurrence déloyale des pays à très bas coût de main-d'œuvre et des délocalisations qui en sont la conséquence. L'État et les administrations auront l'obligation de se fournir auprès des entreprises françaises (grande loi «Achetons français»)».

Et contre le mal-logement? «Je vais œuvrer à ce que chaque Français puisse se loger décemment en facilitant, par des mesures volontaires, la location et l'accession à la propriété pour tous.»

Contre les bas salaires ? « Relance de l'économie. Tous les salaires jusqu'à 1500 € bénéficieront d'une augmentation de 200 € nets. Cette mesure sera notamment financée par l'instauration d'une Contribution sociale aux importations de 3 % sur la valeur des biens importés. »

Et contre la crise? « Rester dans l'euro, c'est se condamner à "mourir à petit feu", selon l'expression d'un économiste. En effet, il n'existe que deux moyens de retrouver la compétitivité : soit baisser les salaires et déconstruire le système de protection sociale, c'est le choix de l'UMPS ; soit agir sur notre monnaie en refusant les dramatiques plans d'austérité sociale, c'est le choix de Marine Le Pen. »

Les immigrés sont absents, ou presque, des premiers chapitres du document, consacrés à l'économie. Ils n'apparaissent qu'à la marge, sur les retraites : « Une grande politique nataliste sera préférée à une immigration coûteuse et déstabilisante... Les droits au minimum vieillesse pour les étrangers n'ayant pas travaillé ni cotisé en France pendant au moins dix ans seront supprimés », ou sont mentionnés en passant à la rubrique « Dette » : « poids de l'immigration incontrôlée sur les budgets sociaux ». On est très loin, alors, de l'obsession.

Ce n'est qu'ensuite, hors du programme économique et social, que la rengaine revient : « Immigration : inverser la tendance ! », « Sécurité : Tolérance zéro », « Laïcité : la République une et indivisible »...

2

SERVICE PUBLIC

Contre « le rôle régulateur »

APRÈS.

« L'État doit retrouver son rôle régulateur en matière économique et se réapproprier le contrôle de certains secteurs stratégiques comme l'énergie, les transports et si nécessaire, les banques insensibles aux injonctions d'éthique. »

Marine Le Pen, discours de Tours, 16 janvier 2011.

AVANT. 1986.

« Il faut désengager l'État partout où on pourra le faire. Oui, moins de fonction publique! Moins d'entreprises nationalisées! Là où il y aura moins d'État, les Français seront toujours gagnants! Je vous en supplie : supprimons toutes les réglementations et laissons jouer la libre concurrence. Nous en avons assez des contrôles! Voilà que nous avons un espoir d'avoir un bol d'air libéral de libre concurrence » (François Bachelot, député FN).

En ces années 80, les USA plongent avec Ronald Reagan dans le libéralisme.

Margaret Thatcher œuvre de même au Royaume-Uni.

Jacques Chirac, devenu Premier ministre, se veut leur épigone en France. Mais à l'Assemblée nationale, il doit affronter plus reaganien, plus pro-américain : les trente-cinq députés du Front national, qui s'affichent partisans de la « révolution libérale ».

Le soleil

« Du côté de l'Ouest se lève le soleil de la liberté et de la prospérité », plaide Jean-Marie Le Pen. Aussi réclame-t-il qu'on imite l'exemple américain, en tout : par une « révolution fiscale qui est en train de secouer l'Amérique », par une « remise en cause du rôle de l'État, de l'importance de la fonction publique, du coût des services publics », ainsi que « de notre système de protection sociale, dont le coût ne cesse de grimper vertigineusement ». (23 avril 1986, *Journal officiel*).

L'extrême-droite est aussi, alors, sans confusion, une extrême droite économique.

Toujours moins

Dès la première session parlementaire, le 5 mai 1986, est ainsi présenté un projet de privatisations. 64 entreprises sont mentionnées : Havas, Rhône-Poulenc, Matra, Péchiney, Elf, etc., mais il s'agit notamment des banques, BNP Paribas, Suez, Crédit lyonnais, Crédit du Nord, Société générale, 42 au total, tout le secteur bancaire public.

Comment intervient alors Bruno Mégret, applaudi par ses collègues sur les bancs du Front national ? Va-t-il s'opposer à cette grande braderie ? Pas franchement : « Nous approuvons pleinement les principes d'une privatisation de grande envergure comme celle que vous nous proposez. C'est la première amorce, depuis la guerre, d'un recul de l'État et du socialisme. Que l'État se consacre d'abord à ses missions premières et que l'économie redevienne l'apanage de la société civile ! Mais si l'État ne doit plus produire de télévisions, garer d'espaces publicitaires, on ne voit pas pourquoi il devrait, après 1991, continuer à fabriquer des automobiles et à produire des rails de chemin de fer ». Le gouvernement, à l'écouter, s'arrête à mi-chemin. Et de proposer un « sous-amendement » qui « ajoute trois sociétés qui exercent leur activité dans le secteur industriel et concurrentiel. Il s'agit de Renault, de Sacilor et d'Usinor ».

Engluée

Ce sont des années clés pour la France, avec un gouvernement RPR libéral, qui se revendique libéral, et qui mène une politique ouvertement libérale : idéologiquement, presque psychologiquement, le pays bascule alors. Et sur tous les thèmes — amnistie fiscale, impôts sur les sociétés, dérégulations —, les députés Front national se montrent si ultras, si extrémistes, si vigilants à ce que disparaisse « l'État régulateur », qu'ils font passer Chirac, Balladur and co pour de quasi-centristes !

Et un député frontiste de sermonner : « Faire refluer l'État, redonner confiance aux acteurs économiques, responsabiliser les citoyens, voilà des ambitions auxquelles nous souscrivons pleinement. Elles sont nôtres. Nous avons toujours défendu la libéralisation de l'économie comme l'un des préalables au renouveau de notre pays. La France s'est engluée trop longtemps dans la perversion de l'étatisme. La perte de compétitivité, la faiblesse de notre industrie, les carences de sa pénétration sur les marchés extérieurs, toutes nos difficultés — dont la plus cruelle, nos trois millions de chômeurs — sont la preuve irréfutable de l'échec des recettes interventionnistes, socialistes ou sociales-démocrates. »

Et dire qu'aujourd'hui, la fille veut faire marche arrière sur ce chemin, s'adonner à la « perversion de l'étatisme »...

Racisme populaire ?

« Il faut parler du racisme dans les usines, aussi. » Ouvrier sur la zone industrielle d'Amiens, Didier Débart se souvient de l'ambiance « dans les taules » durant les années 70 : « À Honeywell, la doctrine du directeur, c'était "pas d'Arabe ici." Chez Carbone, on en dénombrait quatre pour mille deux cent employés ! Et encore, ils occupaient quoi comme poste ? Des balayeurs. Et fallait entendre les réflexions, tous les jours : "Le temps est gris, mais y en aura pas chez nous", "c'est du travail de bougnoule, ça", "les ratons, faut les faire sauter", pas une journée ne s'écoulait sans ces trucs. Moi qui restais à Fafet [quartiers de HLM], c'est comme si je faisais la guerre d'Algérie ! Donc, après, pour la main-d'œuvre, ils ont recruté les enfants du personnel, mais les petits beurs du quartier, clairement, on les éliminait les premiers. »

Au fil d'une longue enquête pour *Quartier Nord*, j'en ai recueilli un paquet, de ces témoignages d'un racisme populaire, présent dès l'arrivée des harkis, puis des Marocains. Et y compris, parfois, dans les rangs de la CGT ou du Parti communiste.

Dans son roman *Élise, ou la vraie vie*, Claire Etcherelli — un temps ouvrière elle-même — raconte que durant la guerre d'Algérie, et même dans le bastion rouge de Renault-Billancourt, « dans tous les ateliers, le racisme gagne. On bouffe ouvertement du bougnoule à présent. "Il faudrait tous les tuer" est une formule courante. »

Un sondage réalisé en 1970, auprès d'un millier d'ouvriers français, en porte la trace : 71 % d'entre eux estimaient alors qu'il y avait trop de Nord-Africains, 59 % d'Espagnols et de Portugais, 30 % de Noirs d'Afrique et 27 % de juifs. Et le fait d'être syndiqué ou de gauche ne modifiait guère les chiffres.

Un certain racisme populaire existait donc (et un racisme bourgeois à coup sûr également...). Mais il n'empêchait pas un côtoiement au quotidien, voire des mariages mixtes. Surtout, il ne structurait pas, ou fort peu, le champ politique — tout comme le machisme, par exemple, aujourd'hui, domine sans pour autant qu'un parti l'incarne, le revendique, en tire des scores dans les urnes.

Qu'est-ce qui a changé?

Est-ce le «problème de l'immigration» qui s'est aggravé?

«Il n'y a pas quarante façons, pour les gens, de classer en juste / injuste, analyse Patrick Lehingue, professeur de Sciences politiques à Amiens. Soit c'est le "riche" contre le "pauvre", les "petits" contre les "gros" comme on dit. Soit c'est le "dedans" contre le "dehors", les "jeunes" contre les "vieux".»

À l'unanimité, socialistes, éditorialistes, économistes l'ont déclaré obsolète, le temps des «petits contre les gros». François Mitterrand, devenu président, les a rangées aux oubliettes, ses diatribes contre «les maîtres de l'argent, l'argent, l'argent, les nouveaux seigneurs, les maîtres de l'armement, les maîtres de l'ordinateur, les maîtres du produit pharmaceutique, les maîtres de l'électricité, les maîtres du fer et de l'acier, les maîtres du sol et du sous-sol, les maîtres de l'espace, les maîtres de l'information, les maîtres des ondes. Nous ne ferons pas payer cher le malheur de tant de siècles. Mais pour l'argent, l'argent, toujours l'argent, alors c'est vrai : il ne faut pas trop qu'ils y comptent». Lui et ses camarades ont renvoyé «la lutte des classes» parmi les vieux machins, charmants chez Marx et Jaurès, mais désuets à l'ère du Minitel et d'Internet, eux sont entrés de plain-pied dans une modernité où le profit se célèbre, où s'en prendre aux «maîtres», aux «gros», aux «patrons», est désormais dénoncé comme de la «démagogie».

Voilà qui ne peut plus, dès lors, structurer le champ politique — qui se trouve de nouveaux axes. Et les exploités d'hier, toujours malheureux aujourd'hui, cherchent d'autres causes à leurs malheurs.

Sources :

Gérard Adam et alii, *L'Ouvrier français en 1970*, FNSP, Armand Colin, 1971.

Xavier Vigna, *Histoire des ouvriers en France au XXe siècle*, Perrin, 2012.

3

BRUXELLES

Pour « une Europe politique »

APRÈS.

« L'Europe de Bruxelles a imposé partout les principes destructeurs de l'ultralibéralisme et du libre-échange, au détriment des services publics, de l'emploi, de l'équité sociale. Restaurer la souveraineté nationale, cela signifie d'abord sortir du carcan étouffant et destructeur de Bruxelles dans lequel on nous a enfermés malgré nous. »

Marine Le Pen, discours de Tours, 16 janvier 2011.

AVANT. 1988.

La Lettre parisienne du Front national narre ces rencontres, au printemps 1988 : « Réunis au-delà des barrières de langage par une solide foi anticommuniste, les jeunes Européens de la "grande Europe" ont reçu pour objectif de se battre pour les libertés et plus particulièrement pour la liberté des peuples d'Europe de l'Est. » Dans son discours, le « leader européen » — alias Jean-Marie Le Pen — « réclama la construction d'une Europe politique, économique et militaire. » Et son intervention « se termina dans un climat chaleureux, aux accents de

“L’Ode à la joie” de la IXe symphonie de Beethoven et aux cris de : “l’Europe, Le Pen, Liberté”. » Maastricht est en vue, mais le FN conclut son meeting sur l’hymne officiel de l’Union européenne…

Rempart

Jean-Marie Le Pen ne fut pas toujours le héraut de l’europhobie, le porte-drapeau de la souveraineté nationale. Au contraire, même. Dès son premier portrait télévisé, en 1973, il se définit ainsi : « Je suis de Bretagne, je suis de France, mais je suis d’Europe aussi. » Et pour une raison simple : l’Europe, c’est d’abord un rempart contre le bolchévisme.

Son programme de 1974 note ainsi :

« Face à l’impérialisme soviétique qui n’a pas renoncé à ses desseins de domination politique et idéologique, l’indépendance de notre pays est liée à celle de l’Europe et de l’Occident. »

Contre un ennemi commun, il y a le devoir d’être « solidaire avec les alliés européens et occidentaux », de faire corps avec nos voisins. Sans démontrer, forcément, un enthousiasme forcené, mais sans non plus attaquer « l’Europe de Bruxelles ».

Ça va durer.

Silence

Pour les élections européennes de 1984, le Parti communiste vitupère : « Considérez les dangers d’un éventuel élargissement du Marché commun à l’Espagne et au Portugal, que nous sommes seuls à combattre. L’Europe actuelle, c’est celle du chômage, dominée par le dollar et le mark ».

Le Front national, lui, se tait sur cette orientation, ne glisse pas un mot sur Bruxelles, et se contente d'un : « En Europe et en France, pour faire reculer la guerre et le communisme, pour combattre et vaincre l'immigration, l'insécurité, le chômage, la dénatalité, la dictature fiscale, le laxisme moral... votez Le Pen! »

Acte unique

Lors du débat sur l'Acte unique européen, en 1986, l'orateur communiste dénonce un traité qui vise « une libéralisation du marché au profit des sociétés multinationales », « une déréglementation systématique », « une attaque contre les acquis sociaux par des politiques de flexibilité et d'austérité », et son groupe vote contre, en conséquence.

De son côté, le député frontiste François Bachelot regrette une « Europe qui n'a pas d'âme », une « pseudo-Europe des technocrates », mais sans s'opposer : « Nous n'avons nullement l'intention, comme les communistes, d'hypothéquer l'avenir de la France qui se fera sûrement à travers l'Europe ». Et sur un texte capital, qui prévoit, rien de moins, la disparition des frontières douanières, les élus Front national s'abstiennent...

S'adapter

Pour les présidentielles de 1988, le candidat communiste, André Lajoinie, fait de la Communauté économique européenne sa cible privilégiée : « Aujourd'hui, dans les faits, la CEE tant vantée par nos gouvernements, ce sont : les quotas, la casse et le chômage, la déréglementation, la soumission aux États-Unis, qui affaiblissent la France... Mitterrand, comme Chirac, se présente en champion de "l'Europe de 1992", si néfaste pour notre pays et notre peuple... Qu'est-ce que cela signifie? C'est écrit noir sur blanc : moins de pouvoir d'achat, moins d'emplois, moins de droits, plus de difficultés dans les villes et les campagnes, la France encore affaiblie.

Je suis le candidat des Françaises et des Français attachés à l'identité de leur pays et à sa totale liberté d'action. Le grand marché européen sera, dès lors, avant tout, le grand marché des capitaux, malsain et parasitaire, une Bourse sans frontières pour les gros spéculateurs. »

Jean-Marie Le Pen, lui, se tait sur ce sujet : « Avec vous je me bats pour que le nom de la France et de l'Europe continue de briller dans le monde. » Mieux, « l'Europe de 1992 », le frontiste s'en félicite plutôt dans son programme :

« Économie. Moins d'impôts, moins de bureaucratie. Pour une adaptation de notre économie à l'échéance européenne de 1992 par une réduction des charges fiscales et sociales (taxe professionnelle notamment) qui pénalisent les entreprises françaises face à leurs concurrentes étrangères et par une remise en cause de l'impôt sur le revenu qui décourage l'activité et l'initiative économiques. Comment? En imposant une cure d'amaigrissement à l'État. »

Cette « Europe de 1992 », le tribun FN n'envisage pas de la combattre, seulement de s'y « adapter ».

L'Union n'est pas présentée, alors, comme un ennemi, mais plutôt comme un adjuvant : grâce à elle, les vues libérales s'imposent.

Volte-face

Quatre ans plus tard, pourtant, lors de cette « échéance européenne de 1992 » justement, patatras! Avant le référendum, le Front national tonne : « L'Europe de Maastricht, c'est l'Europe cosmopolite et mondialiste. Maastricht, c'est l'immigration massive... Maastricht, c'est encore plus d'insécurité... Maastricht, c'est le droit de vote des immigrés... Maastricht, c'est encore plus d'impôts... c'est la ruine de l'agriculture française... c'est la dictature des multinationales... c'est la disparition du franc au profit d'une monnaie unique... Parce que nous ne voulons pas d'une Europe des banquiers, non à Maastricht. »

Comment expliquer cette volte-face ?

Le Front national ne fut jamais — on se tromperait, et l'on tromperait — un eurobéat. C'est par réalisme, par géostratégie, que le FN a accepté la construction européenne, et guère par enthousiasme. Une Europe chrétienne et capitaliste, face à la Russie communiste et au Maghreb musulman.

Or, le monde a changé.

En 1989, le mur de Berlin est tombé.

En 1991, l'URSS a disparu.

Voilà qui bouleverse la donne. Qui permet, pour le FN, un revirement.

Et au fil des scrutins, les Le Pen font de Bruxelles la source de tous les maux :

«Le traité de Maastricht, c'est la précarité. On rationne notre Sécurité sociale. On ferme nombre de services publics, commissariats, maternités ou services hospitaliers. En même temps, notre monnaie, le franc, est remplacé par l'euro.»

Et alors qu'il a démarré avec une décennie de retard, alors qu'il a accompagné, voire soutenu — au moins par son silence — cette Europe-là durant toutes les années 80, le Front national devient LE parti de l'europhobie, rafle la mise des eurosceptiques, se fait le porte-voix des colères.

Gnangnan

Mais si «le Front national devient LE parti de l'europhobie», c'est de la faute, aussi, aux autres. À ceux qui avaient une décennie d'avance. Aux communistes, se faisant euro-compatibles, se coulant paresseusement dans la mièvrerie du «changer l'Europe».

En 1999, alors que la France va abandonner sa monnaie, alors que le FN dénonce «la face cachée de l'Euro», alors que l'élargissement se prépare à l'Est, alors que des délocalisations sont en cours vers la Pologne, la Slovaquie, le Parti communiste, lui, positive : «Bouge l'Europe». Ainsi Robert Hue intitule-t-il sa liste, composée «des hommes et des femmes du mouvement associatif et syndical, des féministes et des jeunes, des chômeurs et des artistes. Ces candidats et candidates sont aux couleurs de la vie réelle. Différents.»

Et cette littérature gnangnan nous invite au «devoir d'ingérence citoyenne», au «chantier de l'Europe sociale», à la «contagion démocratique» via le Parlement européen. «Est-ce que l'Europe doit faire peur?» Non, bien sûr : «L'Europe est une chance qu'il faut saisir.»

C'était nul.

Nul idéologiquement, face à une Europe plus libérale que jamais. Nul tactiquement, critique radicale abandonnée à l'extrême droite. Nul électoralement, sans la moindre intuition, alors que l'opinion basculait dans le rejet de Bruxelles.

On croirait des paysans stupides, qui auraient labouré sous les frimas, qui auraient semé malgré le vent et la pluie, et qui se refuseraient à récolter les blés alors que, sous un soleil luisant, la moisson est prête. Le PC avait dénigré l'Europe au moment où, encore dans l'œuf, on lui accordait le bénéfice du doute : maintenant qu'elle était honnie, il la ralliait!

L'arnaque

Aujourd'hui encore, le Parti communiste est-il sorti de cette eau de rose?

«Le Front de Gauche pour sauver l'Europe.

En 2009, nous voulons construire l'Europe dont nous avons besoin :

Une Europe sociale, écologique et démocratique.

Une Europe efficace contre la crise.

Une Europe de l'égalité notamment entre les femmes et les hommes.

Une Europe débarrassée des dogmes libéraux et des réflexes capitalistes.

Une Europe force de paix.»

«Sauver l'Europe»?

«Bouger l'Europe»?

« Changer l'Europe » ?

Là où le Front national propose, plus franchement, de la faire péter, de « dénoncer » ou de « renégocier » tous les traités : « Contre l'arnaque européenne », affichait Marine Le Pen la même année. « L'Union européenne est devenue un système totalitaire et son bilan est un véritable désastre économique et social : récession, délocalisations, mépris des peuples... »

4

MONDIALISME

Contre « les importations sauvages »

APRÈS.

« Nous organiserons la relocalisation du travail et de l'économie grâce au protectionnisme social et territorial, et ce, de manière à empêcher la concurrence déloyale, le démantèlement de nos économies et la destruction de nos emplois. »

Marine Le Pen, discours de Tours, 16 janvier 2011.

AVANT. 1988.

« Ils ferment nos usines.
Ils fabriquent à l'étranger.
Fabriquons français. »

Au printemps 1977, pour les élections législatives, tel est le mot d'ordre du Parti communiste. Et dix années après, André Lajoinie, le candidat PC, ne démord pas de ce patriotisme économique :

« Produire Français : Nous importons 50 % de ce que nous consommons, c'est trop... La France doit se défendre contre la pénétration des firmes étrangères. »

C'est cette année-là, seulement, en 1988, que le protectionnisme apparaît dans les tracts du Front national : « Pour une Europe européenne, protégeant ses frontières de l'immigration du tiers-monde et des importations sauvages menaçant ses entreprises. »

Constante

Depuis, c'est une constante dans la pensée du FN : on est libéraux, mais non libre-échangistes. Au fil des programmes, les propositions se font plus chiffrées, plus techniques, sans varier. En 1995, Jean-Marie Le Pen précise :

« Afin de rétablir la prospérité économique en France et en Europe, il faut contrôler les échanges commerciaux. Cela peut se faire, soit en contingentant les importations aux frontières françaises et européennes, soit en mettant en place des droits de douane équilibrant les écarts de coûts de main-d'œuvre. L'une et l'autre de ces techniques doivent être utilisées, parce qu'on ne traite pas de la même façon l'importation de produits textiles chinois et celle de logiciels fabriqués aux États-Unis. »

Et de promettre :

« En sept ans, 4 millions d'emplois seront dégagés :

– En libérant sur la période 1,5 million d'emplois actuellement occupés par des immigrés

– En sauvant de la concurrence sauvage des pays du tiers monde (délocalisations et importations à bas prix) 1 million d'emplois agricoles, industriels et de bureaux.

– En rétablissant les frontières dans leur rôle de membrane protectrice de la France contre l'immigration clandestine, la drogue et les importations sauvages. »

Sauvage

Tout est « sauvage », ici.

Les « importations sauvages » constituent, dans ce discours, le pendant économique de l'« immigration clandestine ». La menace arrive de l'étranger, à nos portes « ouvertes à tous les dangers », avec la « concurrence sauvage des pays du tiers-monde ». La « mondialisation », ou le « mondialisme » servirait les nations du Sud, avec l'ouvrier malgache pour adversaire social. Le choc des civilisations sous la forme de containers.

À l'analyse de classes, le FN préfère ici la (quasi) lutte des races.

Or, qui l'a voulue, cette mondialisation ? Pas l'ouvrier malgache ni même les entrepreneurs bengalais. Mais bel et bien les multinationales du Nord, les dirigeants de la grande distribution, les patrons des industries qui, dès les années 80 pour le textile, les jouets, le bois, ont trouvé au Maghreb, puis en Asie, une main-d'œuvre corvéable à merci. Qui en a tiré bénéfice, de ce « mondialisme » ? Les « entreprises européennes », qui ne furent pas « menacées » : elles-mêmes ont délocalisé leurs productions, et ont « sauvagement » accru leur taux de profit.

Cas d'école

France Inter diffusait ce dimanche, le 24 novembre 2013, un reportage sur le Bangladesh. Sept mois plus tôt, le Rana Plazza, une fourmilière d'ateliers en banlieue de Dacca, la capitale, s'était effondré, faisant près de 1 200 morts.

Le responsable d'un bureau d'achat, Rida, énonçait l'évidence : « Quand tu fais un prix très

très bas, tu peux être sûr que l'usine, elle peut pas travailler dans des conditions terribles. Elle va utiliser des filles qui ont treize-quatorze ans, elles dorment à terre, elles mangent à terre, pour avoir un prix moins cher. »

Des propriétaires d'usines témoignaient eux-mêmes : « H&M cherche à augmenter tous les rendements, ceux de l'usine, ceux des ouvriers... C'est toujours les prix les plus bas. Dans les autres pays, ils ne peuvent pas faire travailler les ouvriers autant que nous. »

Et un syndicaliste enfonçait le clou : « En ce moment, les travailleurs luttent pour obtenir l'augmentation du salaire minimum, pour le faire passer de 3000 à 8000 Taka (de 30 à 80 €). Jusqu'à maintenant, seulement trois entreprises, H&M, Tzara et Primark se sont déclarées prêtes à augmenter leurs prix si les ouvriers gagnent un meilleur salaire. Mais les autres entreprises, notamment les entreprises de votre pays, comme Carrefour, elles devraient dire "oui, c'est vrai, le revenu des ouvriers est inhumain, aujourd'hui, donc nous, chez Carrefour, nous sommes prêts à payer plus chers pour augmenter les salaires." Mais ils ne disent rien. Tous font beaucoup de profits. S'ils réduisaient un peu leurs profits, tout serait possible. »

C'est contre Carrefour, dès lors, contre ses actionnaires, Blue Capital, Colony Blue Investor, le Groupe Arnault, c'est contre ces firmes, américaines, canadiennes, françaises, allemandes, mais aujourd'hui aussi chinoises, brésiliennes, indiennes également que les peuples doivent, dans notre esprit, se protéger. Mais dans l'esprit des Le

Pen, les firmes françaises, la bourgeoisie française, le patronat français, les boursicoteurs français ne sauraient être des adversaires.

Ces adversaires demeurent dans le tiers-monde : « Pour une France française, une Europe européenne. Qui risquent l'une et l'autre d'être livrées sans défense à la concurrence sauvage de l'étranger et à l'immigration massive. »

Dans ce droit fil, Marine Le Pen exige « une protection intelligente aux frontières pour lutter contre la concurrence déloyale des pays à très bas coût de main-d'œuvre. »

Sur cette question, elle détient désormais le monopole.

La gauche s'est modernisée, elle, est passée de « l'anti- » à « l'altermondialisation ».

Le choix de l'abandon

Au printemps 2011, la «fondation progressiste» Terra Nova publiait une note en vue de l'élection présidentielle : «Gauche : quelle majorité électorale pour 2012?» C'est un document qui doit faire date, presque historique : certes, l'abandon des classes populaires par le Parti socialiste était déjà opéré depuis belle lurette, depuis mars 1983. Mais ce lâchage se trouve désormais théorisé, revendiqué par cette officine du Parti socialiste. Quitte à mener les ouvriers/employés vers le Front national.

Nous allons donc citer longuement ce texte remarquable de cynisme et de lucidité.

Le socle se dérobe

L'exposé historique, d'abord :

«Depuis le Front populaire en 1936, la gauche en France (socialiste, mais surtout communiste) a accompagné la montée en puissance du monde ouvrier. Autour de ce cœur ouvrier s'est constituée une coalition de classe : les classes populaires (ouvriers, employés) et les catégories intermédiaires (les cadres moyens). Ce socle historique de la gauche se dérobe aujourd'hui. Les ouvriers votent de moins en moins à gauche. L'érosion est continue depuis la fin des années 1970 et prend des allures d'hémorragie électorale ces dernières années.»

Pourquoi cette «hémorragie»?

«À partir de la fin des années 1970, la rupture va se faire sur le facteur culturel. Mai 68 a entraîné la gauche politique vers le libéralisme culturel : liberté sexuelle, contraception et avortement, remise en cause de la famille traditionnelle... Ce mouvement sur les questions de société se renforce avec le temps pour s'incarner aujourd'hui dans la tolérance, l'ouverture aux différences, une attitude favorable aux immigrés, à l'Islam, à l'homosexualité, la solidarité avec les plus démunis. En parallèle, les ouvriers font le chemin inverse. Le déclin de la classe ouvrière — montée du chômage, précarisation, perte de l'identité collective et de la fierté de classe, difficultés de vie dans certains quartiers — donne lieu à des réactions de repli : contre les immigrés, contre les assistés, contre la perte de valeurs morales et les désordres de la société contemporaine. Malgré cette discordance sur les valeurs culturelles, la classe ouvrière continue au départ à voter à gauche, qui la représente sur les valeurs socio-économiques. Mais l'exercice du pouvoir, à partir de 1981, oblige la gauche à un réalisme qui déçoit les attentes du monde ouvrier. Du tournant de la rigueur en 1983 jusqu'à "l'État ne peut pas tout" de Lionel Jospin en 2001, le politique apparaît impuissant à répondre à ses aspirations. Les déterminants économiques perdent de leur prégnance dans le vote ouvrier et ce sont les déterminants culturels, renforcés par la crise économique, "hystérisés" par l'extrême-droite, qui deviennent prééminents dans les choix de vote et expliquent le basculement vers le Front national et la droite. »

L'analyse, jusqu'alors, paraît plutôt juste — et même teinté d'autocritique. Ce serait moins, au fond, les classes populaires qui auraient abandonné (électoralement) la gauche que l'inverse : la gauche qui, d'abord, aurait abandonné (socialement, économiquement, même culturellement) les classes populaires.

La « France de demain »

Vient l'heure des recommandations : comment faire, alors, malgré ce divorce, pour remporter la présidentielle? En se rabibochant avec les ouvriers?

« C'est la tentation naturelle de la gauche qui ne peut se résoudre, pour des raisons historiques, à perdre les classes populaires. » Un archaïsme, on devine, une telle « tentation ». Car cette « stratégie se heurte désormais à un obstacle de taille : le nouveau Front national. En voie de dé-diabolisation, et donc bientôt fréquentable, le FN de Marine Le Pen a opéré un retournement sur les questions socio-économiques, basculant d'une posture poujadiste néolibérale (anti-État, anti-fonctionnaires, anti-impôts) à un programme de protection économique et sociale équivalent à celui du Front de gauche. Pour la première fois depuis plus de trente ans, un parti entre à nouveau en résonance avec toutes les valeurs des classes populaires : protectionnisme culturel, protectionnisme économique et social. Le FN se pose en un parti des classes populaires, et il sera difficile à contrer. » Mieux vaut donc renoncer à la reconquête des ouvriers/employés. Et les laisser à l'extrême droite...

À la place, le rapport recommande « la stratégie centrale "France de demain" : une stratégie centrée sur les valeurs » : « Si la coalition historique de la gauche est en déclin, une nouvelle coalition émerge. Sa sociologie est très différente : 1. Les diplômés. 2. Les jeunes. 3. Les minorités et les quartiers populaires. 4. Les femmes. Contrairement à l'électorat historique de la gauche, coalisé par les enjeux socio-économiques, cette France de demain est avant tout unifiée par ses valeurs culturelles, progressistes : elle veut le changement, elle est tolérante, ouverte, solidaire, optimiste, offensive. »

Sciemment dirait-on, écrit noir sur blanc, ces penseurs envoient les classes populaires dans la gueule du fascisme soft. Eux préfèrent ce risque, ce pari hardi, plutôt que de mettre en œuvre, eux-mêmes, directement, un « protectionnisme économique et social » allié au « progressisme culturel ». Il n'y a pourtant, dans cette alliance, nulle contradiction : il faut de la confiance en soi, dans son avenir, se sentir rassuré pour ses enfants, être protégé dans son emploi, son logement, sa retraite, pour accueillir avec sérénité le changement, la nouveauté, l'étranger.

5

IMPÔTS

Pour « la révolution fiscale »

APRÈS.

« La priorité sera de rendre plus progressif, sans l'alourdir, l'impôt sur le revenu des personnes physiques par la création de nouvelles tranches intermédiaires. La tranche supérieure de l'impôt sur le revenu sera portée à 46 %. Ainsi, les classes moyennes paieront moins l'impôt sur le revenu, mais les foyers très aisés le paieront davantage. »

Marine Le Pen, *Mon projet*, présidentielles 2012.

AVANT. 1986.

« La révolution fiscale est en train de secouer l'Amérique et, demain, balaiera le monde. » Lors de son passage à l'Assemblée nationale (1986-1988), Jean-Marie Le Pen se fait le chantre enfiévré des « reaganomics » : « Les conséquences probables de cette révolution dans le pays le plus important et le plus riche du monde sont encore incalculables, mais elles seront assurément considérables, d'autant qu'elle entraîne déjà derrière elle de grandes nations : les Canadiens, les Allemands, les Anglais, les Japonais.

«Permettez-moi d'emprunter au président Reagan cette phrase qui fit balle au moment de sa première campagne électorale : "Je veux que l'État descende de mon dos et qu'il sorte sa main de ma poche."» Et d'en appeler à «la suppression, étalée sur cinq ans, de l'impôt sur le revenu» (23 avril 1986).

Tout, tout de suite

L'impôt sur le revenu n'est pas seul, à l'époque, dans le collimateur du Front.

Le gouvernement Chirac baisse à 45 % l'impôt sur les sociétés? «Vous n'avez pas, Monsieur le Ministre, pris une mesure très audacieuse puisque, dans le même cas, l'Allemagne fédérale et le Japon ont fixé ce taux respectivement à 36 % et à 33,3 %. Aux États-Unis, dans les petites et moyennes entreprises, le taux de l'impôt sur les sociétés varie de 20 % à 30 % en fonction du résultat et il est prévu de le limiter à 33 % pour toutes les entreprises.»

La suppression de l'impôt sur la fortune? «Tout a déjà été dit sur le caractère nocif de cette imposition qui a bien plus coûté à l'économie et à l'État qu'elle n'a rapporté au Trésor. Mais pourquoi attendre 1987 et ne pas le supprimer immédiatement?»

Amnistie

L'amnistie, enfin. Après la victoire de la gauche, en 1981, les lingots d'or et les valises de billets ont trouvé refuge sur les bords du lac Léman — et cette année-là, Jean-Marie Le Pen, parmi des milliers d'autres, ouvrait un compte en Suisse. Ainsi, dans les hautes sphères, s'adonnait-on au « patriotisme économique ».

À son retour en 1986, la droite prévoit une mesure d'amnistie, afin — explique Édouard Balladur, ministre de l'Économie — de « mobiliser tous les capitaux disponibles au service du développement ». L'anonymat est garanti, en échange d'une amende de 10 %.

Voilà qui est trop sévère, pour l'orateur FN : « Une amnistie crédible aurait consisté à ne pas exiger le paiement d'une pénalité et à prévoir l'absence de reprise pour les quatre exercices précédant la date du rapatriement » (15 juin 1986).

Mains propres ? Le FN se montrait, à l'époque, bien compréhensif avec les fraudeurs en col blanc. Quand ses membres ne fraudaient pas eux-mêmes.

Réformes

À défaut de « révolution fiscale », la France a bel et bien subi des « réformes » — dans la direction souhaitée par le FN. En deux décennies, l'impôt sur le revenu est passé, pour sa tranche marginale, de 70 à 40 %, l'impôt sur les sociétés de 50 à 33 % (taux théorique), l'impôt sur les successions a quasiment disparu, tout comme l'impôt sur la fortune. Ici se trouve la source, très largement, de l'endettement public, avec un déficit des recettes — mais également la cause de la montée des inégalités, les riches et les firmes payant moins pour la collectivité.

Qu'importe ces conquêtes.

Le Front exige que les riches et les firmes paient encore moins, « l'impôt sur le revenu sera supprimé en sept ans» (1995), «suspendre les droits de succession au sein de la famille» (1999). Tandis que, à l'inverse, augmenter le prélèvement le plus injuste, la Taxe sur la Valeur Ajoutée — qui pèse davantage sur «les pauvres» — paraît acceptable : «Le taux normal de TVA sera majoré d'un point pour une durée de 3 ans, les sommes ainsi collectées étant affectées intégralement à la réduction de la dette de l'État» (1995), ou encore «supprimer la taxe professionnelle par un transfert sur la TVA» (1986).

Marine aussi

C'est ce programme, qu'endosse Marine Le Pen les yeux fermés en 2004 : «Faites-vous respecter!» proclament ses affiches aux élections européennes en Île-de-France. Avec quelle priorité, juste après l'immigration? «Abaissement massif des charges pesant sur les ménages et les entreprises... Aux États-Unis, les charges fiscales et sociales sont moins lourdes qu'en France... Une grande réforme fiscale allégeant de 350 milliards de francs le fardeau des impôts, taxes et cotisations étouffant nos entreprises, les familles et les Français». Avec, inlassablement, «la suppression de l'impôt sur les revenus»...

Looping

Ce n'est plus un «virage», ni même un «revirement», qu'opère la leader du Front national, mais un spectaculaire looping doctrinal. Du jour au lendemain, quasiment, dans son programme 2012, voilà qu'elle réhabilite l'impôt, et plus précisément encore, les impôts sur le revenu, sur le capital, sur la fortune :

« Progressivité et justice fiscale.

« La taxe d'habitation, opaque, sera intégrée à l'impôt sur le revenu, plus juste, sous la forme d'une taxe additionnelle qui sera aussi progressive que l'impôt sur les revenus. La fiscalité des dividendes sera revue pour que les revenus du capital ne soient pas favorisés par rapport aux revenus du travail. Un impôt progressif unique sur le patrimoine sera créé, fruit de la fusion entre la taxe foncière et l'Impôt sur la fortune (ISF), sur des bases rénovées assurant la justice fiscale. »

À tout cela, elle donne le nom, comme son père, de « révolution fiscale ». Mais pour faire exactement l'inverse…

6

Entreprise

Pour les «pauvres actionnaires!»

Après.

«... face à la volonté toujours plus insistante des marchés financiers, des milliardaires qui détricotent notre industrie et jettent des millions d'hommes et de femmes de notre pays dans le chômage, la précarité et la misère.»

Marine Le Pen, *Mon projet*, présidentielles 2012.

Avant. 1986.

«Pauvres actionnaires!», s'émeut, à la tribune de l'Assemblée, le député FN François Porteu de la Morendière, le 29 avril 1986. Quelle est la cause de son trouble? «L'alinéa 2 de l'article 3 est plus inquiétant encore : "Prendre toutes mesures en vue d'accroître la participation des salariés aux conseils d'administration ou de surveillance des sociétés anonymes".» C'est que la droite, en contrepartie de ses multiples privatisations, a prévu des strapontins au CA pour les employés. «Jusqu'où ira la représentation des salariés aux conseils d'administration? s'alarme l'élu frontiste. 7 %, 20 %, 50 % des effectifs des conseils ? Aussi, votre texte, nous vous demandons de l'annuler afin de faire respecter le droit des actionnaires, pauvres actionnaires malmenés par des années de socialisme...

(Rires et exclamations sur les bancs socialistes et communistes.)

M. Guy-Michel Chauveau : Les malheureux!

Mme Muguette Jacquaint : Vous allez nous faire pleurer!

M. François Porteu de La Morendière : ...et aujourd'hui vous les menacez encore de textes contraignants sur lesquels ils n'ont aucun contrôle. C'est votre devoir, et aussi votre intérêt, de respecter les droits des actionnaires, car sinon vous ne rendrez pas la confiance aux investisseurs, et si vous ne permettez pas l'investissement, il n'y aura pas d'emplois. »

Clé du miracle

Voilà où se situe, à ses origines, le Front national : du côté des actionnaires.

Et bien sûr, du côté « de l'entreprise », c'est-à-dire des patrons.

À l'Assemblée nationale, Jean-Marie Le Pen s'enthousiasmait :

« Ce sont dans des pays comme les États-Unis que l'on voit se dessiner le monde de demain, et, à l'inverse de ce qui avait été prévu, non point par des concentrations gigantesques d'entreprises, mais, au contraire, par la multiplication, le pullulement des petites et moyennes entreprises qui ouvrent en quelque sorte la voie à une ère nouvelle. » (23 avril 1986).

Pierre Poujade était l'homme de « la boutique », des artisans et commerçants.

Le Pen, en version modernisée, se veut celui des PME/PMI — clé du miracle économique :

« Donner un emploi à chaque Français grâce à nos petites et moyennes entreprises et à leurs salariés, en leur donnant les moyens d'assurer leur développement et leur prospérité, de tenir leur place dans la compétition mondiale, et de redevenir source de création d'emplois » (présidentielles, 2002).

L'entreprise

Jamais, dans les tracts, dans les professions de foi que nous avons rassemblés, jamais, en une carrière longue de trois décennies, Jean-Marie Le Pen ne s'en prend aux patrons, ni même aux firmes, au CAC 40. Ses adversaires sont « la bande des quatre », « le lobby de l'immigration », « le pouvoir syndicratique »...

En 1988, alors que le libéralisme est passé par l'hexagone, André Lajoinie s'époumone pour le parti communiste : « La France, son économie, ses ressources, ne doivent pas être entre les mains des affairistes... L'argent existe, utilisons-le bien! », et de s'attaquer à « Liliane Bettencourt », à « la Bourse », aux « 100 000 familles [qui] se partagent 1200 milliards de francs, soit plus que le budget de l'État ».

Rien de tout cela, évidemment, chez le candidat frontiste. S'il s'adresse « aux Français, et d'abord aux plus malheureux, aux plus déshérités d'entre eux », ce n'est pas, lui, pour les monter contre les capitalistes :

« Social. La Sécurité sociale aux Français... la séparation des caisses entre Français et étrangers et la lutte contre le SIDA par le dépistage systématique et le contrôle aux frontières. Chômage. Pour une diminution du chômage par la priorité d'emploi aux Français et aux Européens.»

Les banquiers

L'Europe va brouiller les pistes, un peu.

En 1992, à l'occasion du référendum, le FN pointe «les banques apatrides» : «Parce que nous ne voulons pas d'une Europe des banquiers, non à Maastricht!»

C'est comme un lapin qui sortirait d'un chapeau, baguette magique! Car ce n'est pas un quarteron de «banquiers apatrides» qui ont voulu, et bâti, cette Europe-là, mais bel et bien les capitalistes du continent, dont les tricolores.

Les patrons, rassemblés dans la European Round Table, se sont organisés, ont manœuvré — publication d'un *Livre blanc*, interventions à la Commission, passage dans les médias — pour obtenir, «la monnaie unique», «l'indépendance de la banque centrale», «la libre circulation des capitaux et des marchandises». Et dans cette influente table ronde des industriels, on comptait quelques Français : Olivier Lecerf (Lafarge Coppée), José Bidegain (Cie de St Gobain), Antoine Riboud (BSN), Bernard Hanon (Renault), mais aucun «banquier apatride».

Et qui s'en félicite, a posteriori, de cette Union-là? «Les entreprises, surtout internationales, ont des moyens de plus en plus vastes et elles ont acquis, en Europe, la capacité de jouer la concurrence entre les États. [...] L'impact réel des hommes politiques sur la vie économique d'un pays est de plus en plus limité. » Et l'auteur de conclure : « Heureusement. » Il s'agit de Bernard Arnault, un « entrepreneur » bien de chez nous.

« L'européisme » — ou « le mondialisme » — aurait pu, aurait dû, conduire le Front à une lecture de classes, avec des intérêts divergents, entre ouvriers, professions libérales, dirigeants de PME, grands patrons de l'industrie, PDG des services, bref, une nation traversée par des contradictions, voire des conflits, et à choisir son camp. Mais non, dans le discours frontiste, l'« Europe de Bruxelles » est dénoncée comme une menace extérieure, corps étranger, maléfique instrument de quelques « banquiers », ou encore « pouvoir bureaucratique des oligarchies de la Commission de Bruxelles aux mains des 20 000 technocrates dirigeant tout » (1999).

Voilà qui évite de se retourner contre sa bourgeoisie nationale, de souche, bien française.

Oublis

Ce positionnement originel, le « nouveau » Front national en hérite plus qu'il ne l'a gommé.

Sa politique économique mise tout sur « les PME et PMI d'abord » : « L'emploi dépend de la vitalité de nos petites et moyennes entreprises. Les PME et les PMI (en voie de disparition), fer de lance de l'activité économique et de l'emploi, méritent un traitement plus favorable qui remette l'entreprise, l'entrepreneur et le salarié au cœur de la vie économique du pays. » Pourquoi pas, même si les grands groupes demeurent l'épine dorsale du pays, même si les PME en sont souvent les sous-traitants.

Mais dans son document de campagne — *Mon projet* — que dit Marine Le Pen des « actionnaires » ? Rien, le mot n'est pas prononcé. Par manque d'espace, peut-être, songe-t-on. Alors, dans *Notre projet* — un document de 106 pages — que dit son parti des « actionnaires » ? Rien, pas une ligne, cette figure centrale de l'époque est absente. Que lit-on sur les dix points de valeur ajoutée qui, depuis 1983, ont glissé du Travail au Capital — près de 200 milliards par an ? Rien. Qu'apprend-on sur le triplement des dividendes, comparé à la masse salariale ? Rien, ils ne sont pas mentionnés.

Ces oublis ne sont plus des oublis.

En creux, ils forment, de fait, un projet.

La présidente du Front a passé un coup de ripolin sur l'ancien discours, si caricatural, si manifestement patronal, de son père : elle promet bien d'« imposer le remboursement des aides publiques pour les sociétés qui pratiquent les licenciements boursiers » (législatives, 2007), ou de s'attaquer à des « niches fiscales inefficaces (comme la niche dite "Copé" au bénéfice des grands groupes) » (présidentielles, 2012), mais très clairement, à la lecture de ses documents, elle non plus ne désigne pas « les fonds de pension », « les investisseurs institutionnels », « les actionnaires », comme l'ennemi public n° 1. Avec un vaste plan d'ensemble, dès lors, pour entraver leur pouvoir démesuré...

7

PRÉCARITÉ

Pour «une grande maîtrise des effectifs»

APRÈS.

«La multiplication du travail à temps partiel contraint et le développement incontrôlé des contrats à durée déterminée jettent une partie du salariat dans une précarité financière...
Le choc de précarité n'est pas une fatalité!»

Marine Le Pen, communiqué, 17 décembre 2012.

AVANT. 2006.

Alors que, au printemps 2006, les jeunes manifestent contre le CPE (Contrat première embauche), Jean-Marie Le Pen juge «ce débat à côté du sujet» :

«Je crois que les gens qui veulent travailler trouveront des employeurs, que les employeurs qui veulent embaucher embaucheront les gens qui sont dignes d'être embauchés, et s'ils jugent à l'exercice qu'ils ne sont pas capables d'assumer la tâche dans laquelle ils ont été placés eh bien ils sont obligés de s'en séparer.»

Tout va pour le mieux dans le meilleur des mondes du travail : le marché de l'emploi s'autorégule à merveille. Le patron a toujours raison : si un chômeur n'est pas embauché, c'est qu'il n'en était pas «digne». Si un salarié est licencié, c'est qu'il n'était «pas capable». Si un dirigeant licencie, c'est qu'il y est «obligé». À quoi bon, alors, à la limite, un Code du travail?

Assouplissements

Nul dérapage, ici, mais bien le fond de la pensée «sociale» au Front national : que l'entrepreneur puisse embaucher et débaucher à sa guise, sans contrainte.

Dans tous ses programmes, Jean-Marie Le Pen s'applique à «défendre», «soutenir», «sauver l'entreprise», attaquée de toutes parts, par l'État et ses taxes, par les réglementations, par Bruxelles, par les importations sauvages, par les syndicats, par l'euro-spirale infernale, etc.

Comment, dès lors, résoudre le chômage? Très simplement : en laissant les coudées franches au patronat.

En 1986, lors de leur passage à l'Assemblée, les députés FN avaient ainsi lutté pour cette «flexibilité», jugeant bien molle la droite classique :

«Il est un autre domaine dans lequel les entreprises ont besoin d'une grande maîtrise de leurs décisions de gestion, c'est celui des effectifs», estimait Bruno Mégret. Il se félicitait, certes, que : «l'article 2 prévoit, concernant le travail temporaire, des assouplissements qui répondent en partie à cet objectif». Néanmoins, «il nous semble qu'il manque aux entreprises l'élément principal de cette maîtrise en matière d'effectifs : l'abrogation pure et simple de l'autorisation administrative de licenciement. (Applaudissements sur les bancs du groupe Front national et RPR.) Le seul résultat concret de cette mesure est d'élever des barrages bureaucratiques, de créer des retards administratifs qui pénalisent les entreprises et les acculent souvent à déposer leur bilan. Au surplus, il est apparu que de nombreux chefs d'entreprise hésitaient à embaucher par crainte de ne pouvoir débaucher.»

Vernis

Leur espérance l'a emporté.

L'autorisation administrative de licenciement fut bel et bien supprimée, mesure qui facilite les plans sociaux.

Depuis 1980, d'après l'Insee, «la proportion des travailleurs à temps partiel est passée de 6 % à 18 % de l'effectif salarié total, et celle des autres formes d'emploi atypique (intermittence, intérim, etc.), de 17 % à 31 % du salariat», les stages, CDD, intérim peuvent, pour les jeunes, durer des années avant un improbable CDI à la clef.

À l'occasion, Marine Le Pen ou ses lieutenants évoquent bien «la précarisation de la société française». Mais voilà qui apparaît surtout comme un vernis, un discours compassionnel et à la mode. Car dans *Notre projet* (un document programmatique de 106 pages), quelle proposition envisage le FN pour réglementer cette flexibilité? Rien. L'«intérim» n'est même pas évoqué.

Que « les entreprises » — c'est-à-dire leurs patrons — ne souffrent d'aucun obstacle quant à la « maîtrise de leurs effectifs ».

Hénin-Beaumont : le labo ?

Hénin-Beaumont a-t-il servi de laboratoire pour un nouveau discours, plus social, plus « à gauche », du Front national ?

C'est manifeste.

Il suffit, pour s'en convaincre, de comparer deux documents.

Pour les élections législatives de 2007, le FN distribue, en France, un tract à la tonalité coutumière : « En cinq ans de majorité UMP-UDF, plus de 900 000 étrangers ont obtenu un titre de séjour...

« Les priorités pour relever notre France :
Rétablir la sécurité pour tous en expulsant systématiquement les étrangers condamnés...
Inverser le courant de l'immigration en supprimant le regroupement familial...
Réformer le droit de la nationalité...
Donner un emploi à chaque Français et réévaluer les bas salaires en accordant la priorité d'embauche aux Français. »

Du remâché.

Dans la circonscription du Pas-de-Calais, en revanche, Marine Le Pen diffuse une profession de foi complètement différente. En premier point, elle place :

« Votre emploi.
Préserver nos secteurs économiques des productions à bas prix du tiers-monde en instaurant des protections douanières.
« Imposer le remboursement des aides publiques pour les sociétés qui pratiquent les licenciements boursiers ou les délocalisations. »

En second point :

« Votre pouvoir d'achat.
« Augmenter immédiatement les bas salaires de 200 € par le financement par l'État des charges salariales. »

Et c'est seulement après, presque à la marge, que viennent «la sécurité», «l'immigration», «la famille».

Pour le second tour, la candidate ne mentionne qu'un seul adversaire : «Il faut un député qui s'opposera à la logique de l'Europe de Bruxelles qui vous a fait tant de mal.» Et en tête des figures qui «appellent à voter Marine Le Pen», est mis en valeur «Daniel Janssens, ancien secrétaire de la section socialiste de Leforest, syndicaliste.»

Son programme pour 2012 — «La voix du peuple, l'esprit de la France» — s'inscrit dans cette lignée. Les quatre premières pages sont consacrées à l'économie, «la relance», «l'euro», «la retraite», «la dette : se libérer des marchés financiers», etc. Les classiques du Front n'arrivent qu'ensuite : «Immigration : inverser la tendance!», «Sécurité : Tolérance zéro», «Laïcité : la République une et indivisible».

Il est vrai que Marine Le Pen bénéficie d'une rente, qui lui facilite cette conversion : sur son nom, elle capitalise déjà le vote xénophobe. Et peut donc consacrer, en façade, son discours à d'autres questions.

Épilogue

Le tournis

Ça donne le tournis, quand même, d'entendre Marine Le Pen vilipender «les dogmes de l'ultra-libéralisme», «le règne déchaîné de l'argent-roi», «les super-riches qui vendent notre travail, notre patrimoine», moquer un «Président qui ne doit pas être le gouverneur d'un protectorat américain», ou vanter «le rôle régulateur de l'État en matière économique», alors que le Front national fut le plus acharné à le casser, ce «rôle régulateur de l'État», le plus zélé à le louer, ce «modèle américain», le plus fanatique à les encenser, ces «dogmes de l'ultra-libéralisme».

Mais bon, on peut changer d'avis.

Même opérer un demi-tour gauche, à 180°, après avoir incarné l'extrême-droite économique.

À condition, toutefois, que la nouvelle orientation s'accompagne d'une explication : pourquoi, hier, nous réclamions la privatisation des banques — et aujourd'hui leur nationalisation? Pourquoi, hier, nous plaidions pour la suppression de l'impôt sur le revenu — et aujourd'hui pour son relèvement? Pourquoi, hier, la Sécurité sociale symbolisait «l'habitude de l'irresponsabilité chez le citoyen assisté, et, chez l'État, le goût de s'immiscer partout sans rien faire de bien» (*National Hebdo*, 16/11/95), et qu'on prétend aujourd'hui la sauver?

Sans cette autocritique, le changement relève de l'imposture : que les électeurs oublient quelles positions, diamétralement opposées, le Front national défendait la veille.

Une mauvaise foi d'autant plus manifeste, en l'occurrence, que ces revirements se font aux cris de «comme nous vous le répétons depuis trente ans... nous avions raison avant les autres... nous sommes les éveilleurs du peuple...»

Comment comprendre, aussi, une pareille plasticité doctrinale?

Ça devrait tanguer chez les adhérents, non, qu'on dise le lundi qu'il faut combler le déficit «en relevant d'un point la TVA», et le samedi que tant pis pour la dette on se «libère des marchés financiers»? Au Front de gauche, ils sont capables de discutailler durant quatre ans avant de trancher...

C'est plus facile au FN, grâce au «centralisme démocratique» d'abord : bien entourée, la chef décide.

Et puis, ce virage social, pour rapide et récent qu'il soit, est en fait amorcé dans l'après-guerre froide, dès 1992 : la chute de l'URSS, à l'extérieur, et du PCF, à l'intérieur, font disparaître l'ennemi doctrinal numéro 1. Se rouvre alors le champ des possibles : on peut reprendre des thématiques jusqu'ici interdites — contre Bruxelles, contre les banquiers. Nous devons dès lors faire le tri : autant des mots d'ordre apparaissent bel et bien plaqués, en dernière minute (service public, précarisation, impôt sur le revenu), autant le refus du « mondialisme » et de l'« européisme » sont ancrés dans la pensée du FN depuis au moins vingt ans.

Enfin, les militants frontistes s'en fichent un peu, au fond, je crois, de ces détails programmatiques. L'identité du parti réside ailleurs : dans son combat contre « l'islamisation », contre « les Arabes ».

Du coup, il ne faut pas surestimer l'impact d'arguments du genre « en 1986, ils proclamaient que... » C'est bon pour les joutes intellectuelles, ces chicanes historiques. Une seule question importe : le langage du FN est-il en phase, ici et maintenant, avec les aspirations de notre peuple ?

Personnellement, il n'est pas en phase avec mes aspirations.

Avant ces recherches, à entendre Philippot ou Le Pen fille à la radio, je me serais cru et craint plus proche, socialement, économiquement, du Front national.

Ça m'emmerdait, mais je l'admettais.

À l'arrivée, un océan idéologique nous sépare. Moins par ce qu'ils disent que par ce qu'ils taisent, par leurs omissions, volontaires ou non, conscientes ou non — mais d'autant plus révélatrices qu'elles seraient inconscientes et involontaires. Il faut redire ici, pour finir, cette anomalie : dans « Le projet complet du Front national » — 106 pages quand même — qu'énonce ce parti sur « l'intérim » ? Rien, le mot ne figure pas. Sur les « stages » à répétition ? Rien. Sur les différentes formes de « contrats aidés » ? Rien. Alors que cette précarité, cette incertitude permanente et présente, c'est le mal majeur qui gangrène la jeunesse des classes populaires, elle qui entre dans les entreprises par la toute petite porte, ou pas du tout. Mais que raconte, d'ailleurs, le FN sur les « actionnaires » de ces entreprises ? Rien, ce mot n'existe pas ! Eux qui font pourtant la pluie et le beau temps, eux pour qui sont faits la pluie et le beau temps. Quant aux « dividendes », croissants, qui leurs sont versés, au détriment des investissements ou des salaires, ce vocable non plus n'a pas encore fait son apparition dans le dictionnaire du Front.

Et quel silence, de même, sur les « inégalités » ! « Inégalités de revenus », « inégalités dans l'accès au logement », « inégalités face à l'école », voilà qui ne trouve pas place dans ce texte programmatique, pourtant bien long.

La division en « classes » (inexistant, sauf pour « classes moyennes »), en « dominants » et en « dominés » (concepts étrangers au FN), les « injustices sociales » (seule demeure l'« injustice fiscale ») ne sont pas combattues.

Et pour cause : l'« égalité » est une absente de marque, sur la longue durée, et aujourd'hui encore, dans le discours du Front national. Alors que, dans le triptyque hérité de la Révolution, « Liberté, Égalité, Fraternité », elle est la valeur centrale, sans quoi la République se vide de son sens comme un homme de son sang. Et des trois valeurs, c'est sans doute cette Égalité qui est la plus bafouée, la plus piétinée aujourd'hui — et les classes populaires.

Que dans leur révolte contre les élites, contre le « Système », ces classes populaires recourent à un parti qui n'aspire nullement à cette égalité, voire qui l'a combattue avec succès, c'est l'une des ruses de l'histoire et du moment. À nous de la déjouer.

Entretien avec Emmanuel Todd

Le grand détraquage

Emmanuel Todd est un peu tout : démographe, anthropologue, historien, mais pour nous, il reste l'auteur de *L'Illusion économique*. Un ouvrage de référence, publié en 1997, où il reliait les choix économiques — l'euro, l'Europe, le libre-échange, la mondialisation — à la situation politique — divorce de la gauche, passivisme des éduqués, émergence du Front national.

François Ruffin : Comme point de départ, je voudrais revenir sur l'émission Mots croisés, diffusée il y a quelques jours et intitulée «À quoi sert l'Europe ?». Vous étiez invité, et à vos côtés, il y avait des dirigeants du Parti socialiste, des Verts, de l'UMP, d'un think tank pro-européen, ainsi que Florian Philippot du Front national. Et entre vous deux, durant plus d'une heure, on apercevait presque une complicité. Dès que vous déclariez : «Il y a un problème, c'est que l'euro ne fonctionne pas!», Phillipot hochait la tête «c'est sûr». Lorsque vous dénonciez «l'euro est une monnaie sacrificielle, c'est une sorte de religion», Philippot approuvait : «Voilà.» Et quand, pour moquer les louanges européistes sur la paix et la prospérité, vous avez mimé un joueur de violon, Philippot a repris en s'amusant : «Il y a effectivement les violons... Moi j'ai l'impression d'être sur le Titanic, pendant qu'il coule, l'orchestre joue encore en haut». Karine Berger, la députée socialiste, a même parlé de «votre ami Philippot» et de «l'axe Todd Philippot». Ça ne vous a pas gêné, cette proximité à l'écran avec le Front national?

EMMANUEL TODD : Pas du tout.

À la sortie de ce plateau, d'ailleurs, contrairement à d'habitude, je n'ai subi aucun reproche de cette nature. Pour quelle raison? C'est, je pense, que le discours des partisans de l'euro est devenu tellement nul, tellement vide, tellement creux, et c'est tellement visible que combattre cette nullité relève, désormais, du bon sens et non pas de la connivence avec le Front national.

Ensuite, au fond, je serai — pas tout seul, évidemment, nous serons, avec vous sans doute, avec d'autres qui adoptent une ligne proche — nous serons le dernier rempart contre le Front national. Quelle chance ce serait pour ce parti xénophobe s'ils n'avaient, en face d'eux, que les béni-oui-oui de l'euro, qui dénient la réalité, la violence que produisent leurs politiques économiques.

Enfin, j'étais présent sur ce terrain avant le Front national! La critique du franc fort, puis de l'euro fort, du libre-échange, l'appel à un protectionnisme, nous — je pense à Sapir, à Gréau, à quelques-uns — nous avons porté ces thèmes bien avant que le Front national ne s'en saisisse. Si les idées politiques faisaient l'objet d'une propriété intellectuelle, ce sont nos noms, pas les leurs, qu'on retrouverait à l'INPI [Institut national de la propriété intellectuelle]. Et franchement, dites-moi quelles idées le Front national a produites? Ces gens-là ne m'intéressent pas, ils ne pensent pas.

F.R. : Justement. J'ouvre mon bouquin sur une citation de Gramsci (ça fait toujours chic de citer Gramsci) : «La tendance répandue à rabaisser l'adversaire est par elle-même un témoignage d'infériorité de celui qui en est possédé ; on tend en effet à rabaisser rageusement l'adversaire pour pouvoir croire qu'on en sera sûrement vainqueur». Est-ce que vous n'êtes pas dans le même mépris?

E.T. : Vous vous plantez complètement.

D'abord, le Front national n'est pas mon adversaire prioritaire, je ne décris pas Marine Le Pen au seuil de l'Élysée. Et si mépris il y a, il est avant tout moral.

Car l'intelligence n'est pas le problème. Je ne méprise pas Hitler intellectuellement. Je suis tout à fait capable de dire : «Adolphe Hitler avait compris en terme de politique économique ce que tous les économistes classiques libéraux s'appliquaient à nier». Je peux te citer des passages à hurler de rire de Hitler m'a dit sur les remarques que lui faisait Schacht, son ministre de l'Économie, à propos de «l'inflation menaçante», Hitler lui répondant : «Ah ah, je vais envoyer mes SA dans les épiceries et vous verrez si les prix augmentent». De fait, Hitler a résorbé la question du chômage en quelques mois, et après le peuple allemand a considéré que c'était un génie. Voilà. Tandis que pour les démocraties occidentales, il a fallu, à la place, que Keynes écrive *La Théorie générale de l'emploi, de l'intérêt et de la monnaie*, pour «suggérer que le capitalisme et un certain type de régulation par l'État étaient compatibles», etc., etc.

Sur le terrain moral, en revanche, je méprise le Front national : c'est un parti xénophobe, qui est fondé sur la haine de l'immigré. Et qui, dès lors, salit toutes les idées qu'il touche.

« Fête de la fraternité »

F.R. : N'empêche que vous partagez désormais ces idées avec le Front national...

E.T. : Si vous dites « chute de l'euro », « protectionnisme », etc. le FN en parle et il a raison. Au stade actuel, l'appartenance à la zone euro, appelons-la plutôt « la zone mark », nous assure une perte de substance infinie : l'indépendance nationale, l'activité industrielle, le niveau de vie, et par-dessus tout la désespérance.

Le peuple

« L'agitation [de Mai 68] une fois retombée, les suites du gauchisme incluent une forte composante anti-populaire. Vingt ans avant Maastricht, plus de dix ans avant l'émergence du Front national, commence la mise en accusation du peuple français, sa redéfinition par des élites qui se pensent de gauche comme intellectuellement et moralement déficient. On ne peut que contempler avec tristesse une couverture de Charlie-Hebdo, datant du 11 octobre 1971, portant en gros titre LE PEUPLE DE FRANCE, et le représentant, laid, moustache épaisse et sourcils bas, revendiquant ses valeurs "Métro, Boulot, Guillotino". La diabolisation du peuple a précédé d'une quinzaine d'années l'émergence du populisme. Pour être plus exact, elle a provoqué cette émergence. »

Extrait de *L'Illusion économique*, Emmanuel Todd, 1997, Gallimard.

Qu'on sorte de ce cadre, et on revient à une histoire qui est notre histoire, avec des difficultés qui sont nos difficultés. On redevient maître de notre propre destin. Ce qui mine les gens, actuellement, ça n'est pas simplement la baisse du niveau de vie, ou le chômage, ou des perspectives sombres : c'est le sentiment d'impuissance. Avec une appartenance collective, les gens débattent entre eux, éventuellement se foutent sur la gueule, prennent une décision, sont collectivement responsables de ce qui leur arrive. Je suis convaincu que, malgré les difficultés, inévitables, d'une sortie de la zone euro, l'effet psychique serait bénéfique, serait extraordinaire sur tout le monde.

(*Il se prend la tête, comme une migraine, maugréant.*) Putain mais on est là, à se faire chier, dans un ensemble de non-décisions, avec Bruxelles, avec Francfort, des négociations humiliantes, sans perspective, avec une histoire infiniment nulle qui se profile, et tout d'un coup, ça y est, on est dans la merde, ensemble, en tant que Français, on retrousse nos manches et on essaie de s'en sortir. Ça n'est pas beau, ça? Et la démocratie renaît. Et au début, on est un petit peu appauvris. Mais on va quelque part, et nos enfants vont quelque part.

Mais ne nous leurrons pas : cette issue se fera dans la douleur. Ce sera un choc immense. Pour mettre en œuvre ce plan, la condition minimale, c'est la cohésion nationale. Ces mesures ne sont réalisables que, je dirais, dans un contexte de fraternité territoriale. Or, à entretenir le doute entre Français, anciens, récents, de souche, de demain, le Front national est un obstacle à cette fraternité, il est une barrière à son propre programme économique.

Il y a tellement d'immigrés, désormais, en France, et tellement d'enfants d'immigrés, que le simple fait de gueuler contre les Arabes, les Noirs, les musulmans, c'est la garantie que ces mesures énergiques seront inapplicables.

Car de quoi avons-nous besoin, en même temps qu'on sort de l'euro? D'une nouvelle fête de la Fédération. Vous savez, ce jour de 1790 où toutes les provinces, tous les corps français, se sont retrouvés pour le premier anniversaire de la prise de la Bastille, pour fraterniser. Et bien entendu, comme le Front national refuse de voir l'ampleur de l'immigration déjà réalisée — ce qui explique, au passage, pourquoi en région parisienne il ne compte plus : il y a tellement de gens d'origine étrangère, et tellement de diplômés du supérieur — comme le Front national n'accepte pas cette immigration déjà-là comme un fait, comme une donnée, toute politique de protectionnisme, de sortie de l'euro, de sursaut national, etc., est rendue impossible. Cette orientation doit, au contraire, se coupler avec une réinclusion de tous les immigrés et leurs enfants dans la nation.

Et d'ailleurs, et c'est là qu'on voit que les gens du Front national ne comprennent pas ce qu'ils font, qui seraient les premiers bénéficiaires d'une politique protectionniste? Ceux dont les métiers sont les plus concurrencés par les pays à bas coût, les plus faibles, les moins qualifiés, à la scolarité laborieuse, donc les premiers bénéficiaires seraient très largement les immigrés et leurs enfants! Les dirigeants du Front national sont incohérents.

F.R. : Mais en face également, alors, au Parti socialiste...

E.T. : Absolument. Avec la même logique, je peux dire que le Front national exerce un racisme conscient, tandis que le Parti socialiste, qui se prétend « défenseur des immigrés », « des concepts universalistes », etc., par sa politique économique, de soutien à l'euro, après le franc fort, par son approbation du libre-échange, a une politique économique qu'on pourrait définir comme « raciste objective ». Puisque les gens qui, avec ces choix macroéconomiques, en prennent le plus dans la gueule, ce sont les enfants d'immigrés.

Ce sont des inconséquences symétriques. Et c'est à cause de ce genre de trucs qu'on voit qu'ils font système. L'important est de ne pas arriver à une solution.

Ce dont tous les Français ont besoin, à l'inverse, c'est de se retrouver, pour reprendre leur indépendance. Là, tu as un projet idéologique, de conscience collective, qui est compatible avec le protectionnisme. Voilà pourquoi nous sommes l'alternative !

« Deux groupes parias »

F.R. : Dans votre livre *L'Illusion économique*, publié il y a une quinzaine d'années, vous décriviez la « plongée d'une proportion importante d'ouvriers dans le vote Front national », à tel point que « le pauvre, dans le regard du riche, commence d'être défini par son naufrage moral autant que par ses difficultés économiques. »

E.T. : Au départ, la clientèle frontiste n'était pas à ce point populaire. Jusque-là, c'était la vieille extrême droite française, des mecs antisémites, germanophiles, aristocrates ou bourgeois, la routine. Mais entre 1984 et 1986, le Front national effectue une percée chez les ouvriers, employés, chômeurs. Suit un temps d'hésitation, où dans le XIe arrondissement, on vote encore un peu Front national, avec une sorte de colère contre la gauche, une radicalisation de la droite, etc. Et puis, le vote

La nation

« La nation, qui enferme les riches et les pauvres dans un réseau de solidarités, est pour les privilégiés une gêne de tous les instants. Elle est la condition d'existence d'institutions comme la Sécurité sociale, qui est, en pratique, un système de redistribution nationale, incompréhensible sans l'hypothèse d'une communauté d'individus solidaires et égaux. L'antinationisme est, pour des classes supérieures qui veulent se débarrasser de leurs obligations, fonctionnel, efficace, et discret. Il tend à délégitimer l'égalitarisme interne à la société, en activant le projet parfaitement honorable d'un dépassement du nationalisme et des phénomènes d'agressivité entre peuples. [...] Les classes supérieures françaises semblent caractérisées, en cette fin de XXe siècle, par une véritable horreur de la nation en tant que telle, qui n'évoque plus, pour elles, que la guerre et le racisme anti-immigrés.

« Le Paris des bac +5 (ou plus vraisemblablement +2) s'est enflammé pour la défense des droits des immigrés, après s'être ému des problèmes des sans-papiers, mais il n'arrive toujours pas à s'intéresser au peuple des provinces, torturé par une politique européenne et économique qui n'en finit pas de faire monter le taux de chômage. [...] Partout l'émergence d'une strate culturelle supérieure, comprenant en gros 20 % de la population, semble briser l'homogénéité de la nation et rendre possible une solidarité supranationale des privilégiés. »

Extrait de *L'Illusion économique*, Emmanuel Todd, 1997, Gallimard.

Front national devient un marqueur social, celui des «basses classes», un stigmate moral, et la bourgeoisie, les éduqués se refusent dès lors à voter Front national, ne serait-ce que pour se démarquer.

F.R. : D'où le «nouveau discours du FN», sur le mondialisme, sur le protectionnisme... qui n'est pas si «nouveau» au fond, il date de Maastricht...

E.T. : Les cadres du Front national se sont trouvés comme saisis par leur succès, qu'ils n'avaient pas prévu, portés par leur public, et ils ont, consciemment ou non, adapté leur discours à cet électorat.

C'est l'association de deux groupes parias.

Les milieux populaires d'origine française subissent alors, et aujourd'hui encore, le choc du libre-échange et du franc fort. Ils sont exclus ou menacés dans leur emploi. Ils se voient refouler hors des villes, à la périphérie des départements. Ils sont par ailleurs symboliquement maltraités, par les médias, sans porte-parole forts. Ces milieux populaires anciens sont devenus des nouveaux parias.

Et les cadres du Front national, c'est un autre groupe paria. L'extrême droite, dans la tradition française, c'est marginal, à l'inverse de l'Allemagne. Quand on écrivait *L'Invention de la France*, il y a trente ans, avec Hervé Le Bras, je cherchais une carte du vote d'extrême droite. Et j'ai découvert, en 1936, aux élections du Front populaire, l'inexistence électorale de l'extrême droite. Ça n'a jamais existé. Les dirigeants de l'extrême droite eux-mêmes sont des loufoques. J'en ai croisés, parfois, des sympathisants bourgeois, royalistes. C'est un monde loufoque, et périphérique, et assez drôle aussi, oscillant sans arrêt entre l'antisémitisme et le philosémitisme, avec une fascination répulsion pour cet autre groupe paria, les Juifs. Le Front national reste d'ailleurs ce parti qui a du mal à trouver des cadres, du mal à trouver des candidats, avec des rigidités, qui a du mal à évoluer.

F.R. : Les marginalisés de l'économie s'identifient aux marginalisés de la politique?

E.T. : En quelque sorte.

Même si, attention, les milieux populaires demeurent les producteurs de richesses : si vous regardez la carte des exportations, quelles sont les régions qui exportent? Le Nord-Pas-de-Calais, la Picardie, tout votre coin, la Haute-Normandie, le Centre, l'Alsace, la Lorraine, et donc quand on aura exterminé tous ces groupes parias, là on va voir notre niveau de vie qui décline! Comme les Anglais. Car ces groupes parias sont toujours producteurs de richesses à l'exportation, le truc qu'il ne faut jamais lâcher. Donc, si leur éviction du système politique, déjà effectuée, se traduisait par une éviction du système économique, ça serait vraiment une erreur fatale pour les classes supérieures. Quand on aura exterminé leurs secteurs industriels, paf!, tout le monde dans le trou.

« Mouvement vers le cœur »

F.R. : Ce virage idéologique du Front national, même superficiel, témoigne d'une intelligence politique, tactique...

E.T. : Mais quelle intelligence politique? Ils ne sont arrivés à rien! En 1988, ils étaient à presque 15%, en 2012 ils sont à 17 %. Où est l'intelligence politique? Je n'ai ni cru ni craint cette « vague » dans les années 80, je ne la redoute pas davantage aujourd'hui. Ce qui me marque, derrière les commentaires récurrents sur la « menace », c'est plutôt la stabilité de ce vote.

F.R. : Vous dites que le FN n'a pas fait des bonds considérables...

E.T. : + 2 %! En un quart de siècle!

F.R. : ... j'ai remarqué que les ouvriers, en 1995, votaient 1,8 fois plus FN que le reste de la

Vote Front national et présence maghrébine

Année du recensement	Année de l'élection	Corrélation entre vote FN et % de Maghrébins
1982	1984	0,85
	1986	0,79
	1988	0,79
1990	1989	0,75
	1992	0,67
	1993	0,67
1999	1997	0,55
	1998	0,60
	2002	**0,46** (0,38 avec % des voix pour Mégret)
	2004	0,45
2008	2004	0,46
	2007	0,19
	2010	0,15
	2012	0,10

Source : ministère de l'Intérieur, journal **Le Monde** (cahiers élections) et l'INSEE.

Tableau extrait de *Le Mystère français*, Hervé Le Bras, Emmanuel Todd, Seuil 2013.

population, en 2012 ce taux de corrélation est quasiment passé à 2. Ça augmente, mais ça reste assez constant, ça n'a pas tellement changé (voir graphique p. 23). Et pourtant, ce que vous montrez dans *Le Mystère français*, c'est que, derrière cette apparence de constance, il y a des très grosses transformations. Pas forcément sociologiques, mais géographiques…

E.T. : En effet.

D'abord, quand le Front national fait une percée, en 1984, on a une forte corrélation avec la présence maghrébine, les deux cartes se superposent quasiment, le coefficient de corrélation est de 0,85. Ce qui est très important. Aujourd'hui, il est tombé à 0,10. C'est une chute spectaculaire. Ça signifie que les questions migratoires, xénophobes, sont devenues des motivations secondaires dans le vote Front national.

E.T. : Aussi, le Front national se retire des villes et des banlieues où résident les immigrés, pour aller vers le vieil espace révolutionnaire français, central, de tradition libérale-égalitaire : la Champagne, la Lorraine, le Nord-Pas-de-Calais, la Picardie, la vallée du Rhône, la Provence.

À vrai dire, seules sont épargnées les régions catholiques zombies, comme la Bretagne, ou encore le Sud-Ouest.

F.R. : Un mouvement, donc, vers le cœur politique et égalitaire de la France ?

E.T. : Oui. Et on pourrait, dès lors, prédire des heures glorieuses au Front national.

Sauf que.

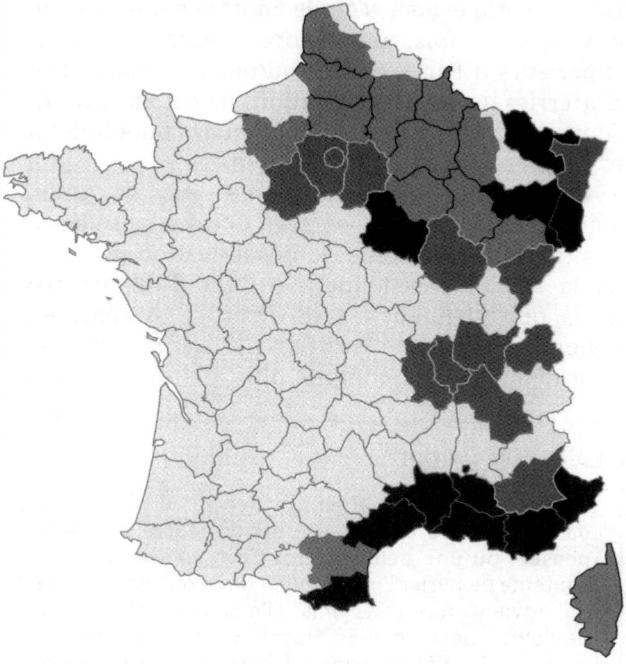

Les nouveaux bastions de l'extrême droite

Carte extraite de *Le Mystère français*,
Hervé Le Bras, Emmanuel Todd, Seuil 2013.

Sauf que, plusieurs choses.

Sauf qu'au milieu de cette zone centrale, il y a l'immense région parisienne, dont le Front national a été déjà quasiment éjecté. Car que se passe-t-il dans le chaudron de la grande région parisienne ?

On voit cette espèce d'étoile énorme sur les cartes. Il y a, à la fois, une concentration de cadres supérieurs à Paris, et tout autour une plateforme d'atterrissage de l'immigration. Ici est en train de couver, en train de cuire la fusion des populations, mais qui n'est pas encore opérée.

Alors, pour comprendre ce qui se passe aujourd'hui en France, ou plutôt ce qui ne se passe pas!, il faut saisir cela : la désactivation politique de la région parisienne. Ce n'est d'ailleurs pas de là que viennent les révoltes. Le système est disjoncté, parce que la région parisienne, qui pèse énormément, qui compte plus de dix millions

La pensée unique

«Nous devons accepter l'évidence : il n'y a RIEN dans la pensée unique, qui est en réalité une non-pensée, ou une pensée zéro. Cette pensée zéro se contente de hurler l'inévitabilité de ce qui est ou de ce qui advient. Aux États-Unis, elle clame l'inévitabilité de l'ultra-libéralisme. En France, celle de la monnaie unique et du libre-échange. Elle est Pangloss dans le *Candide* de Voltaire : tout est pour le mieux dans le meilleur des mondes possibles. [...] Le trait central et unificateur de la pensée zéro est une glorification de l'impuissance, une célébration active de la passivité que l'on doit bien désigner par un terme spécifique : le passivisme. [...]

«Même la monnaie unique, à l'origine projet positif quoique mal pensé, n'apparaît plus à la veille de sa réalisation que comme un "machin qui arrive", qu'on ne peut empêcher, qu'on accepte sans même croire au moindre de ses avantages économiques. On s'y soumet désormais, comme au libre-échange, par passivisme.»

Extrait de *L'Illusion économique*,
Emmanuel Todd, 1997, Gallimard.

d'habitants maintenant, ne joue plus son rôle de régulateur central. D'où cette espèce d'apesanteur, de provinces en révolte, en quasi-sécession, mais qui ne trouvent pas de relais dans la région parisienne, et d'issue politique dans la capitale.

Derrière tout ça, se lit la division du monde populaire, entre Français d'origine lointaine et Français d'origine récente. C'est désagréable, mais tu ne peux pas en faire l'économie : les gosses d'ouvriers du bassin parisien et les fils d'immigrés de la région parisienne prennent la même chose dans la gueule, mais pour l'instant ils ne sont pas un peuple. C'est comme ça. Tout n'est pas que jonction de classes…

Et enfin, même dans cet espace central, les électeurs du Front national, ce sont assez exclusivement des milieux à faible niveau éducatifs, marginalisés, opprimés, tout ce qu'on veut, qui influent peu. C'est horrible. Mais faire des sciences sociales, c'est la capacité à analyser des choses qui ne vous plaisent pas.

F.R. : Vous dites : « Le FN ne parviendra pas au pouvoir, parce que les classes qu'il représente sont trop opprimées », en gros elles ne pourraient pas incarner une alternance…

E.T. : Ne pas voter Front national est devenu un symbole social : « Je n'appartiens pas aux basses classes ». Ce réflexe sert de digue, il existe comme un plafond de verre, un seuil qu'ils ne dépasseront pas.

Je suis épaté par l'enthousiasme du Parti socialiste à se ruer dans la lutte contre le Front national, qu'il suscite lui-même avec ses choix économiques, dans un espèce de post-mitterandisme. On les sent tellement contents qu'il y ait une « menace »…

Le divorce

«Reste à expliquer la fixation privilégiée de cette pensée zéro dans quelques secteurs spécifiques de la société. Pourquoi le vide, le néant, irait-il se loger ici plutôt qu'ailleurs? [...] Pour être conduit à s'insurger contre le néant, il faut que ce néant fasse mal, qu'il produise de la souffrance. C'est ici qu'intervient la structure de classe. [...]

«Dans les années 1985-1995, niveaux de revenu et taux de chômage révèlent la situation privilégiée des titulaires de diplômes. Dans la France de 1992, une formation supérieure se soldait par un taux de chômage moyen de 4,4 % seulement. Une telle proportion n'est pas encore très éloignée du plein emploi. Une éducation n'allant pas au-delà du premier cycle du secondaire — en termes de diplôme, du brevet — induisait statistiquement un taux de chômage de 12,1 %. [...]

«Jamais une telle masse culturelle n'avait existé en haut de la société, dont la capacité de domination est infiniment plus réelle que celle du capital. [...] C'est la combinaison de l'aisance économique relative et de la compétence culturelle qui crée l'effet de domination. C'est l'acceptation par ce monde de la pensée zéro qui établit la toute-puissance du néant. Une fois posée l'existence de cette catégorie, une bonne partie des contradictions morales de la période s'effacent. Les bonnes intentions d'une classe fortement éduquée s'investissent dans la défense des valeurs morales, dans l'hostilité à la peine de mort, dans le refus du racisme, et dans un attachement sans faille à la liberté d'expression. Ses bons revenus et sa bonne insertion sur le marché du travail s'expriment par le passivisme : acceptation du libre-échange et de la politique du franc fort, indifférence (ou peut-être devrait-on dire tolérance) aux souffrances des milieux populaires.»

Extrait de *L'Illusion économique*,
Emmanuel Todd, 1997, Gallimard.

F.R. : C'est un remake...

E.T. : Même pas conscient.

F.R. : D'autant plus efficace qu'inconscient.

E.T. : C'est vrai. Donc, je maintiens l'idée d'un plafond de verre. Mais le doute s'immisce, et je peux vous en faire part : ce plafond est-il en train de sauter?

J'ai entendu une citation de Copé à mourir de rire. Il expliquait qu'il n'y aurait jamais d'accord avec le Front national, parce qu'entre le FN et l'UMP il y avait un gros désaccord sur l'euro! C'est-à-dire, dans le délire anti-immigrés, on va les suivre, on va les précéder, on n'a plus de souci moral avec ça... Il est donc possible que la donne change à droite.

Surtout, la situation économique devient franchement dramatique et ridicule. Jamais il n'a été aussi évident que la France n'a plus de gouvernement. Dans mes débats, je parle maintenant du «vice-chancelier Hollande». Ce n'est pas tellement que Hollande, pour lui-même, soit impopulaire, mais les Français savent qu'il n'y a plus de président de la République... À partir du moment où il y a l'euro, même si en théorie le monarque républicain a tous les pouvoirs, avec le pouvoir de création monétaire qui échappe à la France, le Président n'est plus rien. Si t'es Sarkozy, tu t'agites, tu fais des grands discours et ça se voit pas trop. Si t'es Hollande avec ton sourire niais, tu n'existes pas. Cette transparence, cette inexistence, sautent aux yeux.

Les Français sont un peuple politique, et ils ont tout à fait percuté que la France vit sous hégémonie allemande. À partir du moment où les gens savent que les classes dirigeantes ont failli, qu'elles ne les protègent plus contre le monde extérieur, là, il y a un nouveau risque d'instabilité. Et on ne peut pas exclure un sentiment d'effondrement national.

« L'inventaire du détraquage »

F.R. : Vous parlez de «menace», mais à vrai dire moi je m'en fiche que le FN constitue une «menace». Quand je vois les licenciements chez Goodyear, ce que devient par chez moi le Val-de-Nièvre ou le Vimeu rouge, je ne dis pas «Oh la la! Qu'est-ce que j'ai peur parce Marine Le Pen va se retrouver à l'Élysée!» Mon souci, pour l'instant, c'est que les ouvriers, les opprimés, ne constituent pas une autre menace. Contre l'ordre économique, contre les dominants, les maîtres.

E.T. : Auparavant, j'étais assez dans un discours anti-élite, après Maastricht, dans un truc du rêve français, d'attribuer au peuple des vertus... Et ça me gêne de le dire, mais la façon dont le monde ouvrier a tourné, à cause du stress, de la régression économique, de la médiocrité des partis de gauche, de la nouvelle stratification éducative, certes les élites françaises ont mal tourné, mais le peuple français tourne mal aussi en un sens.

F.R. : Je ne suis pas ouvriériste, je ne pense pas l'être, je n'angélise pas le peuple. Je n'ai aucune difficulté à concevoir, par exemple, qu'il existe un racisme populaire, de longue date, bien avant le FN. Et de même, je ne crois pas à un prolétariat qui amènerait sur terre un royaume de paix et de prospérité...

E.T. : En terme de modèle historique, je n'ai jamais cru aux opprimés comme moteur de l'histoire. Je parie plutôt sur les classes intermédiaires éduquées.

F.R. : Mais pas seules?

E.T. : Pas seules.

F.R. : Dans *L'Illusion économique*, toujours, vous évoquiez un divorce entre «les deux cœurs sociologiques de la gauche». Les ouvriers, d'un côté, qui se sont pris la mondialisation en plein dans la figure, et la petite bourgeoisie intellectuelle, les enseignants, les journalistes, moi par exemple, qui ne souffrent pas du libre-échange et l'acceptent donc, moins par enthousiasme que par «passivisme». Quinze années plus tard, ces classes intermédiaires, comme vous dites, sont à leur tour touchées, s'inquiètent pour leurs enfants, voient les mesures d'austérité frapper la fonction publique. Il y aurait, alors, une possibilité de réunion pour ces deux cœurs sociologiques. Car tous les grands moments de notre histoire, tous les sursauts égalitaires, naissent au fond de cette réunion, toujours dans la tension, de ces deux cœurs. Qu'est-ce que la révolution de 1789? C'est la jonction d'une petite bourgeoisie intellectuelle, et les paysans dans les campagnes, un prolétariat d'artisans à Paris...

E.T. : Spécialement dans ton coin...

F.R. : Oui, on les a tous : Camille Desmoulins, Robespierre, Danton, Saint-Just, Babeuf...

E.T. : Tout le monde. C'est là-bas que ça se passe, un creuset de l'égalité.

La gauche

«Les enseignants, qui constituent l'un des cœurs sociologiques de la gauche, sont faiblement menacés par l'évolution économique. N'ayant pas à craindre au jour le jour le licenciement ou une compression de salaire, ils ne se sentent pas menacés d'une destruction économique, sociologique et psychologique. Ils ne sont donc pas mobilisés contre la pensée zéro. [...] Sans être le moins du monde "de droite", statistiquement, ou favorables au profit des grandes entreprises, ils sont atteints de passivisme et peuvent se permettre de considérer l'Europe monétaire et l'ouverture des échanges internationaux comme des projets idéologiques sympathiques et raisonnables. [...] L'acceptation implicite de la gestion économique par cette catégorie sociale, idéologiquement et statistiquement beaucoup plus importante que les "bourgeois" ou les hauts fonctionnaires, assure la stabilité européiste et libre-échangiste du Parti socialiste, dans ses tréfonds militants et non pas simplement parmi ses dirigeants. On peut ici formuler une prédiction de type conditionnel : si les enseignants viraient sur les questions de la monnaie unique et du libre-échange, la pensée zéro serait, du jour au lendemain, morte, et l'on verrait se volatiliser les prétendues certitudes du Medef et de Bercy.

«L'immobilité idéologique des enseignants les a séparés de cet autre cœur sociologique de la gauche que constituent les ouvriers, qui eux subissent, depuis près de vingt ans, toutes les adaptations, tous les chocs économiques concevables. Les résultats électoraux des années 1988-1995 mettent en évidence cette dissociation, peut-être temporaire, des destins. La stabilité du vote enseignant pour la gauche, aux pires moments de la plongée du Parti socialiste, a contrasté avec la volatilité du vote ouvrier, désintégré, capable de se tourner vers le Front national comme vers l'abstention.

Extrait de *L'Illusion économique*,
Emmanuel Todd, 1997, Gallimard.

Et c'est la jonction de ces deux classes, avec des contradictions, avec des luttes, qui va faire tenir, avancer, la Révolution durant six années. Mais de la même manière, 1936, c'est encore la jonction des deux, la bourgeoisie intellectuelle contre le fascisme, les ouvriers pour des conquêtes sociales. Mai 68, avec ses limites aussi, les étudiants dans le Quartier Latin, les ouvriers qui bloquent le pays, un mariage toujours imparfait bien sûr. En 1981, les deux se retrouvent dans les urnes, même s'il manque un débouché dans la rue ensuite. Tout ne se passe pas dans les classes populaires... mais rien ne se passe sans elles.

F.R. : Voilà. Donc, la question, pour moi, n'est pas « Est-ce que Marine Le Pen va entrer à l'Élysée ? », mais qu'elle gèle la situation politique, qu'elle maintient un statu quo, qu'elle fige le divorce entre ces deux classes...

E.T. : L'alliance des classes, que tu as décrite, avec une violence révolutionnaire, n'est possible, ne se produit que dans des bassins de culture égalitaire. Mais bien entendu, dans toute la périphérie catho, de famille souche, etc., ce sont des régions qui sont restées monarchistes, ou conservatrices, qui se sont opposées à la Révolution, ou qui ont donné les Girondins. Et le grand détraquage de la France actuelle, toi tu le prends au niveau des alliances de classes, mais moi je le regarde en anthropologue : les régions et les groupes sociaux qui contrôlent le système, ce sont les régions de catholicisme zombie. C'est la deuxième gauche, la CFDT, Hollande, *Le Monde*, tous les mecs du PS... On retrouve la trace des catholiques qui se sont convertis à l'argent, ou à des carrières bureaucratiques. Donc, c'est normal que le pays se porte mal, qu'il paraisse mou, amorphe : on a l'irruption au centre de toute une culture qui était périphérique, des groupes et des régions qui ont combattu la Révolution!

Le Front national

«La "plongée" d'une proportion importante d'ouvriers ou, plus généralement, de membres des catégories populaires, dans le vote Front national, conduit à une situation sociologique et psychologique originale. Le pauvre, dans le regard du riche, commence d'être défini par son naufrage moral autant que par ses difficultés économiques. C'est ainsi que naît le climat très particulier des années 90, durant lesquelles les milieux populaires sont systématiquement dénoncés. C'est sans doute un moment de bonheur intense pour les catégories supérieures de la société, qui peuvent ainsi jouir, simultanément, de leurs privilèges matériels et du sentiment d'être du côté de la justice. Rarement, une société aura tant donné à ses élites : la culture, l'argent, et la bonne conscience en prime.

«La société française des années 1988-1998 combine un discours civilisé, soft, moderne, sur les droits de l'homme, la démocratie et la sexualité, à une gestion féroce, cruelle, indifférente, des rapports économiques et sociaux. Le libre-échange et la politique du franc fort ont imposé à l'économie des adaptations aussi dures qu'inutiles, les élites ont infligé à la société des souffrances inouïes. Le vote Front national ne révèle pas une violence populaire spécifique, il n'est que le reflet, dans les milieux populaires, de la violence de la classe dirigeante.»

Extrait de *L'Illusion économique*,
Emmanuel Todd, 1997, Gallimard.

Et tout cela, à cause, aussi, je le souligne, d'un affaissement de la culture centrale, du silence politique de la grande région parisienne, qui avait porté la Montagne et son élan égalitaire.

F.R. : Je vois, au passage, comme une contradiction. Le Front national cartonne dans les « régions libérales égalitaires », comme vous appelez ça. Et pourtant, bien qu'ils se donnent les apparences d'un discours de gauche, en même temps, la question de l'égalité est absente…

E.T. : C'est tout à fait ça. Ils ne peuvent pas la revendiquer. L'électorat se dirige vers le Front national par réflexe anti-élite, c'est l'un des effets pervers de la culture égalitaire française, mais ses cadres ne croient pas à l'égalité…

De toute façon, je suis sorti du *Mystère français* avec une certitude : le système politique français, comme représentation, est complètement détraqué. Il n'y a plus de correspondance entre les aspirations des gens, les valeurs, les votes. Donc, tu vas trouver le PS atteignant une force maximale dans des régions qui n'ont jamais cru en l'égalité, le Sud-ouest. Tu as Sarkozy qui, au deuxième tour de la présidentielle, reste majoritaire dans les régions de Champagne, dans les milieux populaires, dans ces régions qui étaient au cœur de la Révolution française. Tu vas avoir des socialistes qui prétendent défendre les immigrés et qui mettent en œuvre des politiques économiques destructrices pour ces immigrés et leurs enfants. Tu as une gauche qui se révèle plus apte à flexibiliser le marché du travail que la droite sarkozyste, elle-même vérolée par les conceptions étatistes et égalitaires des régions où elle domine !

Tu as le Front national pris entre discours xénophobe et... Bref, tu as un grand détraquage. La trahison de la gauche, entre guillemets, n'est qu'un élément de ce détraquage.

F.R. : À l'absence de représentation, à l'Assemblée nationale, des partis — puisqu'il y a un décalage entre le vote et les députés — ou à la non-représentation de la France dans sa diversité, sociale et ethnique, vous ajoutez donc ce détraquage...

E.T. : Et il se voit partout. Par exemple, les bonnets rouges : la révolte vient d'un département qui n'a envoyé que des députés socialistes ou apparentés à l'Assemblée! Qui a voté majoritairement « oui » au référendum sur le Traité constitutionnel européen. Quant à ces députés socialistes du Finistère, ils se passionnent plus, au Parlement, dans les commissions, pour la défense ou les affaires étrangères que pour l'agriculture ou l'agro-alimentaire...

Alors, dans ce système détraqué, où aucun des partis n'est en phase avec les valeurs qu'il devrait représenter, il y a deux options. La tentation actuelle, c'est de s'imaginer que le parti qui paraît en dehors du système, le Front national, va ramasser pour ce détraquage et refaire la synthèse. Or, je pense qu'il fait partie de ce système détraqué, lui-même détraqué, comme un piano désaccordé.

Ou alors, et je suis plus là-dessus, on va vers une remise en phase à long terme, notamment dans le chaudron parisien avec la fusion des populations immigrées dans la culture libérale-égalitaire. Ça peut prendre du temps, mais ça peut également s'accélérer : la vitesse de la crise, l'emprise des banques sur l'État, la domination trop voyante de l'Allemagne sur la France, et ça crée une espèce de choc cathartique. Mais pour l'instant, on ne peut faire que l'inventaire du détraquage.

À lire :

L'Illusion économique, Emmanuel Todd, 1997, Gallimard.

Le Mystère français, Hervé Le Bras, Emmanuel Todd, Seuil, 2013.

Ours

Un nom figure sur la couverture de ce livre.
Mais un ouvrage ne peut exister sans, derrière l'auteur, le travail de toute une équipe. Et dans le cas des éditions *Fakir*, le travail d'une équipe largement bénévole.

Voici donc les petites mains de l'ombre :

Coordination : Catherine Guénard

Documentation : Vincent Bernardet

Maquette : Nathalie Poux

Graphisme : Aurélie Guérinet

Propagande : Sylvain Laporte

Vidéo : Arnaud Théry

Logistique : Éric Louis

Mise en carton : Thomas Dupeux

Relecture : Claudine

Comptabilité : Françoise

Aux commandes : Magalie, Fiona, Stéphane

Soutien chronique : Martine et Jean-Claude

Sous la présidence lumineuse de Fabian Lemaire, et avec le secours des milliers de travailleurs clandestins qui rament dans nos soutes.

Achevé d'imprimer
en août 2014 sur les presses
de la Sepec
1, rue Prony
01960 Péronnas
11605140601

pour le compte de
Fakir Éditions
303, rue de Paris
80000 Amiens

www.fakirpresse.info
contact@fakirpresse.info

Diffusion-distribution
en France et en Belgique
Les Belles Lettres - BLDD
25, rue du général Leclerc
94270 Le Kremlin-Bicêtre

Dépôt légal : 1e trimestre 2014
Bibliothèque nationale de France
ISBN : 978-2-36921-007-8
Prix : 6 euros